El Imperio de los Habsburgo

Una guía fascinante sobre la Casa de Austria y el impacto de los Habsburgo en el Sacro Imperio Romano Germánico

© Copyright 2021

Todos los derechos reservados. Ninguna parte de este libro puede ser reproducida de ninguna forma sin el permiso escrito del autor. Los revisores pueden citar breves pasajes en las reseñas.

Descargo de responsabilidad: Ninguna parte de esta publicación puede ser reproducida o transmitida de ninguna forma o por ningún medio, mecánico o electrónico, incluyendo fotocopias o grabaciones, o por ningún sistema de almacenamiento y recuperación de información, o transmitida por correo electrónico sin permiso escrito del editor.

Si bien se ha hecho todo lo posible por verificar la información proporcionada en esta publicación, ni el autor ni el editor asumen responsabilidad alguna por los errores, omisiones o interpretaciones contrarias al tema aquí tratado.

Este libro es solo para fines de entretenimiento. Las opiniones expresadas son únicamente las del autor y no deben tomarse como instrucciones u órdenes de expertos. El lector es responsable de sus propias acciones.

La adhesión a todas las leyes y regulaciones aplicables, incluyendo las leyes internacionales, federales, estatales y locales que rigen la concesión de licencias profesionales, las prácticas comerciales, la publicidad y todos los demás aspectos de la realización de negocios en los EE. UU., Canadá, Reino Unido o cualquier otra jurisdicción es responsabilidad exclusiva del comprador o del lector.

Ni el autor ni el editor asumen responsabilidad alguna en nombre del comprador o lector de estos materiales. Cualquier desaire percibido de cualquier individuo u organización es puramente involuntario.

Índice

INTRODUCCIÓN 1
CAPÍTULO 1 - EL CASTILLO DEL HALCÓN 4
CAPÍTULO 2 - LA DIVISIÓN DE LA DINASTÍA 21
CAPÍTULO 3 - LA SUPERPOTENCIA DE EUROPA 41
CAPÍTULO 4 - LA DIVISIÓN RELIGIOSA Y LOS AÑOS DE GUERRA 59
CAPÍTULO 5 - LA DINASTÍA Y LA GUERRA DE SUCESIÓN ESPAÑOLA 81
CAPÍTULO 6 - LOS HABSBURGO EN LA ILUSTRACIÓN ... 103
CAPÍTULO 7 - LA REVOLUCIÓN Y LA DISOLUCIÓN DEL IMPERIO 121
CAPÍTULO 8 - LA GRAN GUERRA Y EL FIN DE LA DINASTÍA 144
CONCLUSIÓN 166
VEA MÁS LIBROS ESCRITOS POR CAPTIVATING HISTORY 169
REFERENCIAS 170

Introducción

Las vocales AEIOU resumen y simbolizan perfectamente la ambición de la Casa de Habsburgo. Son el lema de la dinastía, pero en su forma completa es *"Austriae est imperare orbi universo"* ("Todo el mundo está sometido a Austria"). La familia compartía la idea europea del derecho divino a gobernar, pero a diferencia de otras dinastías europeas, los Habsburgo gobernaron durante mucho más tiempo y tuvieron ambiciones más grandiosas. Durante casi 650 años, los hijos y a veces incluso las hijas de los Habsburgo gobernaron Europa central. Hay muy pocos países europeos que puedan decir que nunca fueron gobernados por un Habsburgo. El dominio de la familia abarcaba desde Inglaterra en el norte hasta Serbia en el sur, desde Portugal en el oeste hasta Polonia en el este. Incluso tocaron otros continentes, llegando a gobernar casi toda América, así como algunos territorios asiáticos y africanos. La dinastía tenía en su poder el máximo dominio europeo: la corona del Sacro Imperio Romano Germánico. Pero incluso cuando la perdieron, no dejaron de creer que su destino era gobernar el mundo.

Pero la consideración que una familia tan elevada tenía de sí misma tenía un precio. La creencia de la superioridad de los Habsburgo llevó a la familia a un camino de mestizaje. Los matrimonios de los Habsburgo se mantuvieron dentro de la familia durante mucho tiempo, y el resultado fue un acervo genético muy diluido. Muchos gobernantes de los Habsburgo estaban marcados por un rasgo genético muy distintivo, una mandíbula protuberante conocida como el "labio de los Habsburgo" o la "mandíbula de los Habsburgo". Este rasgo físico puede verse fácilmente en muchos retratos de los miembros de la familia Habsburgo. Pero en ocasiones, la endogamia provocó afecciones de salud más graves e incluso la locura. Carlos II, con sus numerosas enfermedades, es un ejemplo de ello. Algunos científicos modernos creen incluso que podría haber sido hermafrodita.

Sin embargo, la dinastía de los Habsburgo siguió siendo la más prestigiosa de Europa. Para alcanzar y mantener ese estatus, la familia tuvo que desarrollar una serie de estrategias. Estaban muy ligados a la tradición y eran conservadores hasta la médula. No se podía esperar menos de una dinastía cuyo lema era la aspiración a gobernar el mundo. Incluso los autócratas ilustrados, como María Teresa, solo permitieron que el movimiento de la Ilustración influyera en su gobierno hasta cierto punto. Utilizaron los movimientos políticos y culturales de moda para reforzar su dominio y presentarse como líderes modernos, pero en realidad estaban muy lejos de ello. El único Habsburgo dispuesto a introducir cambios liberales en el imperio fue el hijo de María Teresa, José II. Sin embargo, no pudo contener su ambición, que se manifestó en constantes innovaciones y reformas. Pero sus súbditos aún no estaban preparados para estas reformas, y sus buenas intenciones se encontraron con una fuerte resistencia, que finalmente condujo a su caída. Aunque algunos creen que José II se adelantó a su tiempo, la historia lo recuerda como un visionario que no supo dirigir un Estado.

A José le siguió otra serie de gobernantes conservadores que se aferraron firmemente a las prerrogativas de la dinastía. Pero cuando se enfrentaron a enemigos internacionales, como la Revolución francesa y más tarde Napoleón Bonaparte, tuvieron que elegir: preservar el imperio o preservar la familia. Los Habsburgo tuvieron que hacer esa elección dos veces, y en ambas ocasiones eligieron a la familia. Esta lealtad a la dinastía es extraordinaria, pero provocó el fin del Sacro Imperio Romano Germánico. Por temor a que Napoleón lo destituyera del trono del Sacro Imperio Romano Germánico, Francisco II proclamó el Imperio austriaco, con él mismo como primer emperador. En 1804 terminó el Sacro Imperio Romano. La falta de voluntad de Francisco II para permitir a Napoleón el mismo prestigio que la dinastía de los Habsburgo supuso el fin de uno de los imperios europeos más poderosos. Casi un siglo y medio después, esta misma lealtad familiar provocaría el fin del Imperio austrohúngaro. Para defender el honor de los Habsburgo y el derecho a gobernar como superpotencia europea, Francisco José inició la Primera Guerra Mundial, siendo consciente de que no podía ganar. Los Habsburgo perdieron su derecho a gobernar en Europa, pero salvaron la dinastía y su honor y prestigio.

Sin embargo, el fin de la monarquía no significó el fin de los Habsburgo. Siguen viviendo y dominando la política europea incluso hoy en día, aunque sus aspiraciones de gobernar el mundo se transformaron en los ideales de una Europa unificada. Aunque ya no son los gobernantes, sino los líderes del futuro de la integración europea, los Habsburgo se erigen hoy en símbolo de una Europa capaz de unirse.

Capítulo 1 - El castillo del halcón

Antiguas ruinas del castillo de los Habsburgo

https://en.wikipedia.org/wiki/Habsburg_Castle#/media/ File:Schloss_Habsburg_July_21st_2005.jpg

El lugar de origen de la gran dinastía europea de los Habsburgo es un modesto castillo situado en una colina sobre el río Aare, en la actual Suiza. Este castillo fue construido a principios del siglo XI por uno de los progenitores de la dinastía, y lo llamó

"Habichtsburg", el "Castillo del halcón". La leyenda cuenta que los primeros habitantes del castillo recién construido veían cada mañana un halcón posado en sus muros. Así bautizaron el castillo, sin saber que pronto se convertiría en el nombre de una de las mayores dinastías que gobernaron Europa. La familia recibió el nombre del castillo, pero lo cierto es que no se sabe mucho sobre los primeros tiempos de los Habsburgo. La historia se mezcla a menudo con las leyendas de antaño, y es muy posible que la historia sobre el nombre del castillo y de la familia no sea más que ecos lejanos de una historia transmitida de generación en generación. Los lingüistas modernos creen incluso que el nombre de Habsburgo no deriva de Habichtsburg, sino de "Hablhap", que es vado en el Alto Alemán Medio, y el río Aare tiene un vado cerca del castillo.

Pero incluso en la nebulosa de la historia temprana de los Habsburgo, existen destellos de verdad. Su primer miembro conocido fue un tal Guntram el Rico, que vivió en algún momento del año 900. Pero fue su hijo, Lanzelin, quien adquirió el terreno donde se construiría el castillo en una fecha posterior. Lanzelin era el conde de Altenburg, y es posible que tuviera tres hijos. Uno de ellos se llamaba Radbot, y se cree que fue él quien inició la construcción del castillo, junto con el obispo de Estrasburgo, que podría haber sido el hermano o el tercer hijo de Lanzelin. Lanzelin y su familia eran nobles menores de Suabia, pero adquirieron las tierras que custodiaban las rutas comerciales transalpinas, lo que significaba que tenían derecho a cobrar peaje a quien pasara por sus tierras, normalmente comerciantes de Alsacia, el sur de Alemania y Suiza. Así, Radbot y sus hermanos se enriquecieron, al igual que sus hijos y nietos. Con estas riquezas llegaron la autoridad y los títulos apropiados. Fue el nieto de Radbot, Otto, quien fue nombrado por primera vez "conde de Habsburgo" aproximadamente en 1090.

Durante el año 1100, los Hohenstaufen eran la familia europea más prominente porque gobernaban el Sacro Imperio Romano Germánico, y los Habsburgo se dieron cuenta de que debían establecer relaciones políticas en torno a esta familia. Pero el título de emperador del Sacro Imperio Romano Germánico no era hereditario, sino electivo. El consejo, formado por los príncipes alemanes de mayor rango, se reunía para votar al nuevo emperador, y los Habsburgo demostraron ser leales a los Hohenstaufen. Como recompensa a esta lealtad, el emperador Federico II tomó como ahijado al nieto de Rodolfo el Benévolo, de la familia de los Habsburgo. Así, los Habsburgo se introdujeron en los más altos círculos políticos y sociales imperiales. A finales del siglo XIII, los Habsburgo ascendieron en poder y llegaron a ser conocidos como la familia más rica e influyente del suroeste de Alemania. Pero el fin del dominio de los Hohenstaufen sobre el Sacro Imperio Romano Germánico condujo a un periodo de interregno, que duró casi veinte años, ya que Alemania se dividió entre múltiples pretendientes al trono del Sacro Imperio. Finalmente, en 1273, los príncipes se reunieron para votar un nuevo rey, y Rodolfo de Habsburgo, gracias a los lazos de su familia y a su influencia política, se convirtió en el nuevo emperador del Sacro Imperio Romano.

Reinado de Rodolfo I (r. 1273-1291)

Rodolfo I era el cuarto conde de Habsburgo con ese nombre, pero fue el primer emperador del Sacro Imperio elegido. Fue elegido para ese papel porque los veinte años de interregno trajeron el caos a Alemania, y los Habsburgo eran la única familia lo suficientemente rica y poderosa como para devolver la paz. Sin embargo, esperaban que Rodolfo no fuera demasiado rico ni demasiado poderoso, ya que los electores no querían que sobrepasara sus límites imperiales y tocara sus soberanías principescas. Rodolfo tenía ya cincuenta y cinco años cuando fue elegido, y sus contemporáneos lo describían a menudo como sabio, modesto y una persona decente. Sin embargo, estos epítetos podrían serle prescritos por ser el jefe de la familia Habsburgo. No obstante, Rodolfo adquirió fama de excelente político con gran sentido del humor, y demostró su modestia vistiendo menos de lo que se esperaba de los señores. Empezaron a circular historias de que el nuevo emperador cosía su propia ropa y le gustaba entregarse al trabajo físico con sus hombres.

Pero sean cuales sean las historias que compartan sus admiradores o sus adversarios políticos, nadie puede discutir que su reinado fue muy exitoso, aunque el imperio estuviera inquieto desde el periodo del interregno. En realidad, Rodolfo I nunca fue coronado por el papa, y su título oficial era el de rey, no el de emperador. Pero esto no le impidió actuar para preservar todo el imperio y salvarlo del desastre. Rodolfo era consciente de que debía concentrar sus esfuerzos en Alemania, donde era necesario disciplinar a los caballeros renegados y donde los pequeños príncipes luchaban entre sí por diversos territorios. Rodolfo también era consciente de la importancia de los príncipes alemanes, y nunca intentó imponer su dominio sobre ellos. Colaboró con ellos y, para estrechar aún más las relaciones, decidió casar a sus cuatro hijas con estos príncipes. Pero para restaurar la ley y el orden en todo el imperio, Rodolfo necesitaba el apoyo militar y monetario de las ciudades imperiales, y se esforzó por establecer también buenas relaciones con ellas. Por ello, Rodolfo viajaba a menudo por todo el imperio para poner orden y justicia. Combatiría personalmente a los caballeros tunantes que robaban y acosaban a los civiles, abolió los impuestos aplicados por los señores locales y se ocupó de las disputas entre las familias nobles en un esfuerzo por apaciguarlas. Durante su gobierno, las ciudades y sus ciudadanos se sintieron seguros al volver al imperio, y se alegraron de servir a un rey que podía cumplir lo que prometía. Por lo tanto, se alegraron de proporcionarle hombres para el ejército, así como el dinero de los impuestos que se gastaría para mantener ese ejército.

El logro más importante de Rodolfo I fue la adquisición de ducados austriacos para su familia. Austria era un territorio que pertenecía al Sacro Imperio Romano Germánico, pero desde que el emperador Federico le concedió una serie de privilegios en 1156, el territorio adquirió una considerable independencia. La familia gobernante de Austria era la dinastía Babenberg, que se extinguió en 1246 al morir su último representante masculino, sin dejar heredero. Durante el periodo de interregno, Otakar Premysl de Moravia se apoderó de Austria. Para consolidar su dominio en Austria, llegó a casarse con una hija de Babenberg, y esperaba ser elegido como emperador del Sacro Imperio Romano. Cuando Rodolfo fue elegido, Otakar se negó a reconocerlo, por lo que no le quedó más remedio que declarar la guerra a Rodolfo. Por suerte, Rodolfo I contaba con el apoyo de otros príncipes alemanes, y no estaba solo en su lucha contra Otakar. La batalla decisiva tuvo lugar el 26 de agosto de 1278, en la que Otakar murió, y Rodolfo reclamó para sí los territorios austriacos. En ese momento, nadie se atrevió a oponerse a él, pues creció en poder y fuerza. Austria seguiría siendo una posesión de los Habsburgo hasta 1918, y debido a su largo reinado allí, los Habsburgo serían conocidos como "la Casa de Austria".

Rodolfo murió el 15 de julio de 1291, a la edad de setenta y tres años. Se dice que era un hombre tan meticuloso que incluso planeó su propia muerte y cabalgó hasta la ciudad de Speyer, que creía que era un lugar de sepultura de sus antepasados. Rodolfo incluso contrató a un artista para que decorara su futura tumba, y realizó lo que se cree que es el primer retrato realista del emperador del Sacro Imperio Romano Germánico. Se expuso en la catedral de Espira el día de su muerte. Rodolfo contribuyó no solo a la familia de los Habsburgo, sino también al Sacro Imperio Romano Germánico, devolviendo la paz y el orden tras los años revueltos del interregno. Pero además de las funciones del rey, que desempeñó de forma casi impecable, Rodolfo también se encargó de organizar personalmente los matrimonios de todos sus hijos. Así, vinculó a los señores de Baviera, Sajonia y Hungría, así como a Moravia, a la dinastía de los Habsburgo, cimentando el elevado estatus de la familia. Con una cuidadosa planificación, organizó alianzas familiares que no podían romperse fácilmente, y estableció reclamaciones de herencia para el futuro, las que los Habsburgo utilizarían para adquirir aún más tierras para sí mismos. Pero Rodolfo I tuvo un gran fracaso: nunca fue coronado emperador por el papa. Por lo tanto, nunca tuvo realmente la prerrogativa imperial de nombrar a su heredero. No consiguió promover a su hijo como candidato a próximo emperador del Sacro Imperio Romano Germánico, y los príncipes electores ya se oponían a votar por otro Habsburgo porque pensaban que la familia había adquirido demasiado poder durante el reinado de uno solo de sus miembros.

Alberto I (r. 1298-1308) y sus tres hijos

El sello de Alberto
https://en.wikipedia.org/wiki/Albert_I_of_Germany#/media/File:Albrecht1_habsburg.jpg

Tras la muerte del querido rey Rodolfo I, los príncipes alemanes se mostraron reacios a elegir otro Habsburgo. El sucesor de Rodolfo fue Adolfo, Conde de Nassau, y gobernó entre 1292 y 1298. Los príncipes preferían un rey sin mucha influencia política ni enormes riquezas, que pudiera utilizar para ganar adeptos. Adolfo era un candidato perfecto, pero cuando empezó a inmiscuirse en los asuntos internos de Turingia y Meissen, devastadas por la guerra, e incluso empezó a comprar tierras en estas zonas para establecer su base de poder, los príncipes alemanes empezaron a reconocer que era una amenaza. Adolfo fue depuesto en 1298 y Alberto I de Habsburgo fue elegido rey en su lugar.

Alberto era el hijo mayor de Rodolfo I, y la opinión general sobre él era que era muy enérgico, feroz, inteligente y competente. Solo tenía un ojo, lo que reforzaba su aspecto aterrador, y tenía fama de ser una persona dura y brutal. Alberto comenzó a gobernar Austria mientras su padre aún vivía, lo que solo sirvió para darle formación en la administración real. Su título oficial era el de duque de Austria, pero cuando empezó a gobernar el territorio en 1282, tuvo que enfrentarse a muchos retos. Por un lado, no fue bien recibido allí, ya que el pueblo lo veía como un extranjero de Suabia. Como resultado, Alberto tuvo que sofocar una rebelión en Viena en 1289, en Estiria en 1291/2 y una revuelta de los nobles de Austria en 1295/6. Pero incluso al sofocar estas rebeliones, Alberto trató de ser modesto a la hora de castigar a los principales culpables porque esperaba poder ganárselos. Incluso llamó a sus hijos Federico y Leopoldo, nombres que eran de uso común en la anterior familia gobernante de Austria, los Babenberg.

Cuando Alberto se convirtió en rey en 1298, su reputación de persona dura salió aún más a la luz. Gobernó durante diez años y, en ese tiempo, intentó constantemente reforzar su autoridad como rey. Persiguió los mismos objetivos que su predecesor Adolfo: Turingia, Meissen y algunos otros territorios clave. En sus esfuerzos por convertir a los Habsburgo en sucesores hereditarios del trono alemán, persiguió una alianza con Felipe IV de Francia. Esto molestó a los príncipes electorales alemanes porque Alberto estaba dispuesto a renunciar a algunos de los territorios alemanes para obtener el apoyo francés. Tres de los príncipes electores —los arzobispos de Colonia, Maguncia y Tréveris— conspiraron para deshacerse de Alberto, pero el rey utilizó la fuerza para convencer a los demás príncipes de que le fueran fieles. La rebelión de los tres príncipes fue infructuosa y terminó en 1302, pero consiguió poner a Alberto en desgracia con papa Bonifacio VIII, que también pretendía instalar a su propio hombre como emperador del Sacro Imperio. Pero Alberto consiguió hacer las paces con el papa jurándole fidelidad y renunciando a algunos de los territorios italianos para que pasaran a formar parte de los Estados Pontificios.

Durante el reinado de Alberto, Bohemia pasó a manos de la dinastía de los Habsburgo. Tras la muerte del último rey de la dinastía Přemyslid, Alberto se aseguró de poner a su hijo, Rodolfo, en el trono de Bohemia. Incluso envió un ejército a Praga para enfrentarse al duque de Carintia, que también reclamaba esta región del imperio. La sola presencia de los soldados de los Habsburgo convenció a los nobles de Bohemia para que eligieran a Rodolfo como nuevo rey. Al mismo tiempo, Alberto se esforzó por conseguir también Turingia, aunque su suerte se volvió en su contra. Rodolfo murió en 1307 y la corona de Bohemia pasó al duque de Carintia, que se alió con la dinastía Wettin de Turingia para derrotar al ejército de Alberto. La batalla tuvo lugar en mayo de 1307 y Alberto fue aplastado.

Existen pruebas de que Alberto planeó asegurar la sucesión de sus hijos en el trono alemán, pero antes de que pudiera actuar en consecuencia, fue asesinado. El culpable no fue otro que su sobrino, Juan Habsburgo (también conocido como Juan el Parricida), que quería ampliar sus tierras y posesiones a costa de sus primos. Pretendía que Austria y Estiria le pertenecieran, y llegó a afirmar que él debía ser el legítimo heredero del trono del imperio en lugar de los propios hijos de Alberto. En mayo de 1308, Juan conspiró con otros cuatro nobles y juntos atacaron a Alberto cuando se dirigía a la ciudad de Brugg. Este conflicto familiar interno costó a los Habsburgo la corona, ya que no serían elegidos reyes y emperadores durante los siguientes 130 años. No obstante, la dinastía siguió existiendo y entrometiéndose en los asuntos de Estado.

Sin embargo, no solo la muerte de Alberto hizo que los Habsburgo perdieran su prestigio y la corona. Sus hijos, Federico y Leopoldo, eran tan ambiciosos como su padre, pero no había en ellos ni rastro de su competencia. Cuando Rodolfo murió en Bohemia, Federico, conocido como el Hermoso, fue enviado para dirigir el ejército y tomar la corona para sí mismo, pero fracasó. Tras la muerte de su padre, Federico tampoco pudo convencer a los príncipes alemanes para que le votaran en las siguientes elecciones, resultando ganador Enrique (Heinrich) de la familia de Luxemburgo. Cuando Enrique murió en 1313, las nuevas elecciones se celebraron al año siguiente, y Federico volvió a intentar conseguir la corona para los Habsburgo. Pero una vez más, perdió, esta vez por solo un voto. El nuevo rey de Alemania fue Luis de la Alta Baviera, y aunque fue coronado, no pudo recibir la corona imperial original, ya que estaba en manos de Federico desde la muerte de su padre. Federico aprovechó la oportunidad y se coronó a sí mismo como rey de Alemania con la corona imperial adecuada. Sin embargo, no fue aceptado como gobernante legítimo, y la doble coronación dio lugar a una guerra de ocho años entre Luis y Federico.

Durante la guerra, los Habsburgo perdieron su prestigio en su territorio, en Suiza. Allí, los cantones de Uri, Schwyz y Unterwalden formaron la Alianza Eterna en 1291, y aunque eran leales a Rodolfo I y Alberto I, cambiaron su postura y se volvieron hostiles hacia los Habsburgo durante los ocho años de guerra. Leopoldo, el hermano de Federico, fue encargado de reprimir los disturbios en estas zonas, pero en 1315, en la batalla de Morgarten, los campesinos suizos tendieron una emboscada al ejército de los Habsburgo y masacraron a sus hombres. Leopoldo no consiguió reunir a sus tropas y se vio obligado a huir para salvar su vida. En 1322 tuvo lugar otra batalla, que fue la decisiva para resolver el conflicto entre Federico y Luis. Durante la batalla de Mühldorf, Federico luchó junto a sus hombres. Aunque hizo gala de todos los ideales caballerescos de un caballero al dirigir personalmente a su ejército, esto resultó ser una decisión fatal. Fue derrotado y capturado. La batalla de Mühldorf sigue siendo una de las batallas más memorables libradas en suelo alemán porque fue la última batalla caballeresca y también la última batalla en Europa en la que no se utilizaron armas de fuego.

Federico pasó solo tres años en la prisión de Luis, y durante ese tiempo, parece que las relaciones entre los dos hombres mejoraron. Fue liberado en 1325, pero tuvo que prometer que convencería a su hermano Leopoldo para que renunciara a luchar por la corona alemana. Sin embargo, Leopoldo se negó, y Federico volvió a defender sus ideales caballerescos y regresó a la prisión de Luis voluntariamente. Luis quedó impresionado por los valores de Federico y se hizo amigo de su antiguo enemigo. Con el tiempo, incluso le proclamó regente de Baviera, y los dos amigos gobernarían juntos, compartiendo la administración del imperio. Luis permitió a Federico usar el título de *rex* (rey), y esta situación única fue el único ejemplo de cogobierno en la historia de Alemania. Desgraciadamente, este acuerdo solo duró un año, ya que Leopoldo murió en 1326 y Federico ya no tenía a nadie que le apoyara. Pero en lugar de intentar mantener la corona, Federico renunció a ella y volvió a ser solo duque de Austria y Estiria. Murió en 1330.

Tras perder su autoridad sobre Suiza, los Habsburgo centraron sus esfuerzos en Austria, donde construyeron muchos monasterios e iglesias para consolidar su poder allí. Pero a escala imperial, los

Habsburgo solo desempeñaron un papel marginal. Con la muerte de Federico y Leopoldo, no hubo nadie lo suficientemente valiente como para reclamar la corona. Estos dos no dejaron herederos varones, por lo que correspondió a sus hermanos menores, los hijos de Alberto I, continuar la dinastía. Alberto II (1298-1358) se convirtió en el jefe de la familia, pero no tenía ningún deseo de gobernar el imperio, ya que se conformaba con Austria. Sus esfuerzos por consolidar el poder de la dinastía en el ducado le convirtieron en el primer verdadero Habsburgo austriaco. Sin embargo, no fue el único hijo de Alberto I con influencia política en Alemania. Inés de Habsburgo (1281-1364), reina viuda de Hungría, era una de las hijas de Alberto I, y se distinguió por su valentía, inteligencia y energía. Se convirtió en la principal consejera de sus hermanos, y a menudo actuó como mediadora a la hora de resolver disputas dentro y fuera de la familia. Inés tenía solo diecinueve años cuando enviudó, pero se negó a volver a casarse. En su lugar, optó por una vida tranquila en una casa de campo en el Tirol. Allí vivió hasta el final de sus días, dejando la casa solo para actuar como funcionaria de su hermano en diferentes asuntos políticos.

Como era costumbre entre las familias nobles de la Edad Media, Alberto, uno de los hijos menores de Alberto I, fue preparado para hacer carrera en la iglesia. Tenía varios hermanos mayores, por lo que era muy poco probable que gobernara la familia. Sin embargo, Alberto renunció a su cargo eclesiástico incluso antes de que murieran Federico y Leopoldo, ya que no pudo soportar la rivalidad dentro de la orden religiosa, pero la educación que recibió de la iglesia la utilizó más tarde para gobernar. Por eso se le conoce como Alberto el Sabio, aunque también se le recuerda como Alberto el Cojo, ya que estaba casi paralizado debido a una enfermedad que sufrió de niño. Alberto compartió el gobierno de Austria con su hermano menor, Otón el Alegre, que era muy conocido por su fastuoso estilo de vida en la corte. Sin embargo, fue Alberto quien actuó como jefe de los Habsburgo, y tomó una serie de decisiones que aseguraron la influencia de la familia en el imperio. En 1335, reconoció al rey Luis IV, e incluso aseguró los lazos familiares con la casa reinante. Desposó a su hijo con la hija del sucesor de Luis, Carlos IV de Luxemburgo. Pero este no fue el único matrimonio que organizó Alberto para ampliar la influencia política y territorial de los Habsburgo. También casó a una de sus hijas con el último conde del Tirol, con la esperanza de que, tras la muerte del conde, este territorio pasara a manos de los Habsburgo. Luis estaba satisfecho con la lealtad de Alberto y, como reconocimiento, le concedió el gobierno de Carintia y Carniola (en la actual Austria y Eslovenia), convirtiéndolas en tierras de los Habsburgo. Lamentablemente, durante la vida de Alberto, los lazos de la familia con Suiza se debilitaron, ya que perdió importantes batallas con Zúrich y Berna durante la década de 1350.

Aun así, Alberto es considerado a veces el verdadero fundador del Estado austriaco porque revisó la economía y la administración del ducado. Solo empleó a personas con formación profesional como juristas y promovió el crecimiento de las ciudades y pueblos a través del comercio. A su vez, pudo recaudar más impuestos y llenar el tesoro. Planeó crear Austria como un solo pueblo bajo un solo gobernante de una sola casa. Esto significaba que pretendía mantener Austria como una posesión de los Habsburgo, y en 1355 dictó una serie de normas que asegurarían la solidaridad dinástica y harían que la familia no pudiera dividir el territorio. Estas reglas nunca se aplicaron del todo, pero los Habsburgo se referían a ellas a menudo cuando hablaban de la unidad de la dinastía. En el caso de Austria, Alberto consiguió más de lo que sus hermanos mayores jamás pudieron lograr. Pero fue su hijo, Rodolfo IV, quien consolidó a los Habsburgo como dinastía austriaca. Por ello, seguiría siendo conocido como Rodolfo el Fundador.

Rodolfo el Fundador (1339-1365)

Rodolfo IV

https://upload.wikimedia.org/wikipedia/commons/e/e9/Rudolf_IV.jpg

Rodolfo gobernó Austria muy brevemente. Solo tenía dieciocho años cuando su padre murió en 1358, y siguió a su padre en la muerte ni siquiera siete años después. Rodolfo era joven, audaz y enérgico, y eso se reflejó en su política. También fue criado como futuro yerno de Carlos IV, un príncipe heredero que no tenía hijos propios. Esto influyó mucho en la actitud y la autoestima de Rodolfo. Rodolfo IV estaba solo en la toma de decisiones para Austria y la dinastía de los Habsburgo, ya que sus hermanos eran todavía niños, preocupados por los juegos en lugar de los celos fraternales. La única persona en cuyo consejo podía confiar era su tía Inés. Pero la juventud de Rodolfo, ni su corta vida, no le impidieron conseguir grandes cosas para Austria. Sus principales preocupaciones fueron la adquisición del Tirol, la construcción de Viena como capital dinástica de Austria, la reforma del gobierno y del sistema fiscal del ducado, y la elevación del estatus de los Habsburgo al nivel de príncipes electores, al que no pertenecían. Rodolfo hizo que Austria pasara de ser un simple ducado a un archiducado.

Pero una de las primeras tareas de las que tuvo que ocuparse Rodolfo fue la toma de la zona del Tirol. Su padre ya se había asegurado la sucesión del Tirol casando a su hija con su último conde, pero tras su muerte en 1363, fue su hermana, Margarita del Tirol, quien heredó el dominio. La pretensión de Rodolfo sobre el condado también fue desafiada por la casa bávara de Wittelsbach, por lo que el duque austriaco se vio obligado a cruzar los Alpes con un pequeño contingente militar para reclamarlo. Rodolfo se detuvo primero en la ciudad de Bressanone, donde residía Margarita, y consiguió persuadirla para que aceptara la soberanía de los Habsburgo. Los Habsburgo por fin tenían el Tirol bajo su dominio, y era un territorio valioso, ya que contenía ricas minas. Además, el Tirol conectaba las tierras de los Habsburgo en Austria con las fincas de la familia en el resto de Austria, comúnmente conocidas como Vorlande (suroeste de Alemania).

Además del Tirol, Viena fue el principal símbolo del reinado de Rodolfo. Admiraba a su suegro, el emperador del Sacro Imperio, Carlos IV, quien transformó Praga en la capital del imperio mediante numerosos proyectos de construcción. Pero Rodolfo no solo construyó la ciudad para exhibirla como una perla entre las principales ciudades de Europa. También puso en marcha numerosas instituciones nuevas que nacionalizaron la administración austriaca, separándola del resto del imperio. También fundó la Universidad de Viena en 1365, donde todos los administradores del gobierno podían recibir educación superior.

Esta universidad aún existe, y es la tercera más antigua de Europa central, fundada justo después de las de Praga (República Checa) y Cracovia (Polonia). Lamentablemente, Rodolfo no vivió lo suficiente como para terminar todos los proyectos que tenía previstos para su capital, y aunque compitió con Carlos IV, Viena no pudo acercarse al rutilante prestigio de Praga como capital del imperio y tercera ciudad de Europa.

Pero mientras vivía, Rodolfo estaba impaciente por construir el prestigio de Austria y la dinastía de los Habsburgo. Intentó acelerar el asunto falsificando un documento conocido como el *Privilegium maius*, el "privilegio mayor". Este documento era similar al emitido por el emperador Federico Barbarroja en 1156 cuando elevó a Austria a ducado. Esta vez, Rodolfo quería elevar su país al estatus de archiducado. El documento se creó en algún momento entre 1353 y 1359, y permitía a los gobernantes de Austria llamarse archiduques. También les otorgaba otros privilegios y títulos, como "Maestro de la Caza Imperial" o "Duque de Suabia". El documento también eximía a los Habsburgo de las operaciones militares imperiales a menos que quisieran involucrarse específicamente. El *Privilegium maius* situaba a los Habsburgo por encima del estatus de cualquier otra familia noble del Sacro Imperio Romano Germánico. Para legitimar el documento, Rodolfo alegó que era antiguo, remontándose a la época de Julio César y Nerón, cuyas cartas acompañaban al documento. Rodolfo tuvo la "suerte" de redescubrir estos papeles, pero para los historiadores entrenados, el *Privilegium maius* es una evidente imitación del *Privilegium Minus* de Barbarroja, que había concedido a los Babenberg de Austria en el siglo XII. Rodolfo incluso quitó el sello imperial del documento de Barbarroja y lo adjuntó al suyo falsificado.

Sin embargo, Rodolfo tuvo que enviar el *Privilegium maius* a Carlos IV para su afirmación, y el emperador tenía un profesional preparado para examinar el documento. Este profesional no era otro que el famoso erudito y poeta Petrarca, que inmediatamente supo que tenía una imitación en sus manos. Aunque Carlos IV se negó a reconocer el *Privilegium maius* de Rodolfo, el documento marcó el panorama de la política austriaca durante los siglos siguientes. Aunque Carlos no pudo perdonar a Rodolfo el uso de las insignias imperiales en el despliegue de poder de los Habsburgo, le permitió el uso del título de archiduque. No obstante, el primer Habsburgo que utilizó el título de manera oficial fue Ernesto de Hierro (1377-1424). Aunque el emperador nunca confirmó el *Privilegium maius*, los austriacos se tomaron muy en serio el documento porque regulaba la administración interna del ducado. A través de él, las tierras austriacas eran inseparables, y el título de archiduque era hereditario, aunque nunca se especificó que pasara de padre a hijo, sino que iría al siguiente varón de mayor edad de la casa. También otorgaba a los Habsburgo el derecho a administrar no solo sus tribunales, sino también los de otras familias nobles austriacas, y a disfrutar de los impuestos recaudados en todo el territorio austriaco. También tenían derecho a utilizar cualquiera de los bosques de Austria, ya fueran de propiedad privada de un terrateniente o de otros nobles.

Rodolfo murió en 1365 mientras viajaba a Milán para asistir a la boda de su hermano Leopoldo. Él mismo organizó este matrimonio para adquirir el territorio italiano para los Habsburgo, y también promulgó el tratado de herencia con los luxemburgueses y los angevinos, que, siglos más tarde, llevaría a la adquisición de sus tierras por parte de los Habsburgo, estableciendo a la familia como gobernantes de Bohemia y Hungría. El duque Rodolfo IV fue probablemente el Habsburgo más importante que vivió entre la época de su abuelo, Alberto I, y su bisnieto, Federico III, quien se convertiría en emperador y finalmente legitimaría el *Privilegium maius* en 1452. Pero la vida de Rodolfo fue demasiado corta para lograr sus aspiraciones. No obstante, puso a los Habsburgo en la senda de la gloria, y solo era cuestión de tiempo y competencia de sus sucesores aprovechar plenamente el prestigio que Rodolfo les había dejado.

Capítulo 2 - La división de la dinastía

Los hermanos menores de Rodolfo, Alberto III y Leopoldo III, mostraron un atisbo de competencia al principio, pero en última instancia, fueron los responsables de la eventual división de la dinastía de los Habsburgo. Alberto tenía solo quince años y Leopoldo catorce cuando murió Rodolfo, y eran de características extrañamente diferentes. Mientras que el hermano menor era competitivo, ambicioso y propenso al combate, el mayor era reservado, pasivo y tímido. Cada uno de ellos fue demasiado lejos en su dirección, lo que les llevó a su perdición final. Intentaron gobernar juntos tras la muerte de su hermano mayor, e incluso consiguieron ganar algunos territorios importantes para los Habsburgo durante esos años. En 1368, adquirieron la próspera ciudad de Breisgau, y en 1382, Trieste y partes del interior de Istría se sometieron a ellos. Pero debido a las ambiciones de Leopoldo, el gobierno conjunto llegó a su fin en 1379, y los hermanos decidieron ignorar las instrucciones de Rodolfo del *Privilegium maius* y repartirse los territorios familiares. En septiembre de 1379, firmaron el tratado de partición en Neuburg, en Estiria. El resultado fue la creación de dos ramas familiares: la albertina y la leopoldina.

Alberto se hizo con la Alta y la Baja Austria, así como con el territorio de Salzkammergut. Leopoldo se apoderó de Vorlande, Tirol, Carintia, Carniola y Estiria, así como de las zonas del Adriático, que entonces se oponían al poder y la fuerza de la República de Venecia.

La rama albertina de los Habsburgo siguió pasando el gobierno de padres a hijos, pero la línea leopoldina se dividió en las líneas estiria y tirolesa. Finalmente, en 1496, solo sobrevivió la línea leopoldina de Estiria, que volvió a unir todas las tierras de los Habsburgo bajo un solo gobernante. El Tratado de Neuburg afirmaba que la división de los territorios entre los hermanos no influiría en la administración del reino unido, pero la realidad fue que Leopoldo y Alberto rara vez trabajaron juntos, y se distanciaron durante sus gobiernos. Incluso en el Cisma papal de 1378, los hermanos tomaron bandos opuestos, con Alberto apoyando la elección del papa Urbano VI mientras Leopoldo apoyaba al antipapa Clemente VII. Los hermanos consiguieron dividir a la familia de los Habsburgo, lo que solo condujo a su debilitamiento y a la pérdida de muchas oportunidades de avanzar en el prestigio de la casa.

Uno de los intereses comunes de los hermanos era el territorio de los Habsburgo en Suiza. La confederación de los cantones suizos seguía mostrando hostilidad hacia la familia, por lo que Leopoldo entró en guerra. Sin embargo, perdió la vida en la batalla de Sempach en 1386 mientras dirigía su ejército, que quedó diezmado. Alberto intentó deshacer la pérdida que la guerra de su hermano había causado y envió a 6.000 hombres a luchar contra la Confederación Suiza en la batalla de Näfels en 1388. Una vez más, los Habsburgo y su ejército fueron derrotados por los aldeanos y campesinos, que blandían armas rudimentarias como hachas, horquillas y lanzas. Estas dos batallas expulsaron a los Habsburgo de Suiza, aunque siguieron reclamando los antiguos territorios de los Habsburgo allí hasta 1415, cuando los suizos tomaron simbólicamente el lugar de nacimiento de la dinastía, el Castillo de Halcón. Tras la derrota y muerte de Leopoldo, Alberto se hizo cargo de los cuatro hijos de su hermano. Crecieron de forma muy parecida a su padre, y sus ambiciones individuales llevaron a Austria a una guerra civil, en la que también participó el propio hijo de Alberto, Alberto IV. Lucharon durante las primeras décadas del 1400, lo que se considera una época muy espantosa para las tierras de los Habsburgo, ya que fueron asoladas por los merodeadores de los caballeros. No había nadie que insertara la autoridad judicial, ya que los Habsburgo habían entrado en una época de anarquía. El hambre, las enfermedades y las catástrofes naturales golpearon duramente el campo, y las familias nobles hicieron poco por ayudar. En cambio, aprovecharon la oportunidad para hacer valer sus intereses contra los Habsburgo.

La guerra civil dentro de los territorios de los Habsburgo no se libró en absoluto entre los hermanos que se repartieron las tierras, aunque sí explica los diferentes intereses que tenían las distintas ramas de la familia. La línea albertina en la Alta y Baja Austria luchó contra la rebelión husita, que se extendió por Bohemia después de que el líder religioso Jan Hus fuera acusado de herejía y ejecutado por la Iglesia católica en 1415. Leal al emperador del Sacro Imperio Romano Germánico, la línea albertina luchó del lado de los católicos, y sus esfuerzos se convirtieron en una cruzada contra los husitas, que recibió el permiso papal. Pero la rebelión resultó ser mucho más difícil de romper de lo que parecía al principio, ya que el conflicto continuó en una serie de cruzadas hasta 1434. La rama estiria de la línea leopoldina de los Habsburgo estaba preocupada por el creciente poder de los turcos otomanos, que asolaban las tierras balcánicas y suponían una grave amenaza para Europa central. La rama tirolesa de la línea leopoldina continuó con sus intereses familiares en Suiza y pronto experimentó su derrota final. La línea leopoldina se dividió entre los dos hijos de

Leopoldo III; Ernesto de Hierro gobernó Carniola, Carintia y Estiria, mientras que su hermano, Federico IV, gobernó el Tirol.

Ernesto de Hierro era el Habsburgo más competente de la época, y se encargó de elevar Graz y Wiener Neustadt, convirtiéndolas en sedes de su gobierno. Se convirtió en el jefe de la familia en 1411 tras la muerte de su hermano mayor, Leopoldo IV, que no dejó herederos varones. En ese momento, Ernesto comenzó a llamarse a sí mismo archiduque y a firmar documentos oficiales con este título. Ernesto fue el primer Habsburgo que luchó contra los otomanos, y después de él, los sucesores de la dinastía tuvieron que lidiar repetidamente con el problema otomano. Pero Ernesto de Hierro es probablemente más famoso por haber consolidado el dominio de la familia sobre Austria Interior (Estiria, Carniola y Carintia), ya que se esforzó por establecer su economía a través de la producción de hierro. Sin embargo, no fue por esto por lo que se le apodó "de Hierro". Al igual que los demás gobernantes medievales, estos apodos están estrechamente relacionados con el aspecto físico y las características de un individuo.

El hermano menor de Ernesto, Federico IV (1382-1439), no tuvo tanto éxito en el gobierno del Tirol. En 1415, consiguió enemistarse con el emperador del Sacro Imperio Romano Germánico al apoyar firmemente al antipapa Juan XXIII en el Concilio de Constanza (1415), un antipapa del que los católicos habían intentado deshacerse. Enfadado por la intromisión de Federico en el asunto, el emperador lo hizo proscribir, e incluso llegó a renunciar a todas sus posesiones en el Tirol y Vorlande. Segismundo prometió que quien conquistara una parte del territorio de Federico podría conservarla. El joven Habsburgo fue atacado por todas partes, e incluso su hermano Ernesto intentó conseguir una parte del Tirol para él. En 1417, Federico pagó una considerable suma de dinero a Ernesto para que le entregara las partes del Tirol que le habían aceptado como duque. A lo largo de

1418, Federico utilizó aún más dinero para sobornar a personas de ciertos cargos para poder limpiar su nombre y levantar la prohibición de Segismundo. Este empeño le costó todo lo que tenía, por lo que se ganó el apodo de "Federico de los bolsillos vacíos". A la muerte de Ernesto, en 1424, Federico se convirtió en el jefe de los Habsburgo y consiguió reconciliarse con Segismundo. Como si la experiencia del año anterior sirviera de algo, Federico se hizo más sabio, e incluso consiguió reparar parte del daño que había causado durante el Concilio de Constanza. A su muerte, dejó los territorios de los Habsburgo en mejores condiciones que cuando los obtuvo.

Alberto V (1397-1439)

Alberto V
https://upload.wikimedia.org/wikipedia/commons/d/d6/
Albrecht_II._von_Habsburg.jpg

Hijo de Alberto IV, Alberto V era miembro de la rama de la rama albertina y, tras la muerte de sus primos, se convirtió en duque de Austria en septiembre de 1404, cuando solo tenía siete años. Gobernó sus territorios con la ayuda de consejeros, pero tras la muerte de su último regente, Leopoldo IV, Alberto V comenzó a administrar Austria solo. Demostró ser un gobernante hábil, vinculándose a una alianza con el emperador del Sacro Imperio Romano Germánico Segismundo al casarse con su hija. Gracias a estos lazos, pudo recuperar la corona imperial para los Habsburgo, por primera vez en más de 130 años. Alberto no solo prestó su máximo apoyo al antiguo emperador, sino que también participó activamente en la rebelión de los husitas y en las guerras otomanas. Su brillante mente militar se puso al servicio del imperio y, como recompensa, Segismundo decidió hacer a Alberto su heredero en 1422. Cuando el viejo emperador murió en 1437, Alberto fue aceptado como rey de Hungría, y en la primavera de 1438 fue coronado como rey de los romanos, iniciando su gobierno como Alberto II. Cabe destacar que nunca fue coronado como emperador del Sacro Imperio Romano. A partir de ese momento, la familia Habsburgo ostentaría ese título hasta 1806, con un breve paréntesis entre 1742 y 1745, cuando un miembro de la Casa de Wittelsbach fue elegido emperador del Sacro Imperio.

Alberto no planeaba convertirse en el rey de los romanos, y cuando se le ofreció la corona, se tomó su tiempo para tomar la decisión. Los académicos modernos creen que se mostró indeciso porque la familia de Luxemburgo, que había ocupado el cargo anteriormente, consiguió vaciar el tesoro real y enajenar las posesiones imperiales de las que procedían los impuestos. Si Alberto decidía aceptar la corona, sabía que la tarea de reconstruir el imperio sería enorme. Tenía que sopesar sus opciones y decidir si era capaz de gobernar y reparar todo el imperio. Además de las desventajas económicas, el imperio estaba bajo la constante amenaza de los husitas y los otomanos. Aun así, Alberto sabía que no podía rechazar el imperio, y debía creerse lo suficientemente fuerte como para afrontar todos los problemas que conllevaba el título imperial. La primera tarea que tuvo que afrontar fue la de Bohemia. Mientras que los nobles y la Iglesia católica de Bohemia lo aceptaron como gobernante, los husitas lo rechazaron. En 1438, Alberto llevó a su ejército a la batalla, en la que derrotó a sus oponentes. Tomó la corona de Bohemia, pero no eliminó el problema husita de forma permanente. Por el momento, sin embargo, estaba satisfecho con la situación, y dirigió su atención a los otomanos. Alberto era un soldado por formación y por espíritu.

El reinado de Alberto como rey de los romanos duró solo un año y medio. Mientras dirigía una expedición contra los otomanos en Hungría, murió de disentería en octubre de 1439. No consiguió hacer mucho por el imperio, pero aseguró la corona para la familia, lo que se considera su mayor logro. Sin embargo, Alberto hizo mucho bien en lo que respecta a los territorios familiares en Austria. Consiguió sanear el ducado después de que la guerra civil de sus hermanos asolara el territorio. Reforzó el ejército de los Habsburgo y amplió la defensa del ducado. Mediante la aplicación de impuestos especiales a los habitantes de las ciudades y a los judíos, Alberto consiguió mantener el tesoro austriaco lleno incluso en los duros tiempos de las guerras husitas. Pero el reinado de Alberto sobre Austria no fue próspero para todos. Los impuestos especiales sobre los judíos fueron el menor de sus problemas, ya que Alberto intentó convertirlos por la fuerza al cristianismo, y en 1420 comenzaron los largos días del éxodo judío de Austria. Solo terminaron cuando intervino el papa Martín V, pero más de la mitad de la población judía había abandonado Austria para entonces. El resto fue arrestado, y los que se negaron a convertirse fueron ejecutados, y sus posesiones familiares y comerciales fueron confiscadas por el Estado. Cuando Alberto se dio cuenta de que no podía continuar con su política judía, decidió quemar a los judíos vieneses restantes en estacas fuera de las murallas de la ciudad.

Federico III (1415-1493)

Coronación de Federico III representada en un tapiz
http://upload.wikimedia.org/wikipedia/commons/a/a1/
Frederick_III_Coronation_Tapestry.jpg

El dominio de los Habsburgo en Austria continuó sin alteraciones, pero ahora la familia también tenía la corona imperial en su poder. Durante los dos siglos siguientes, los Habsburgo darían lugar a una plétora de gobernantes característicamente diferentes y, mediante ardides y una cuidadosa planificación estratégica, elevarían a la familia a la posición de casa noble más importante de Europa. Con este estatus, a la familia le resultó fácil extender su influencia dinástica a otros reinos, y a través de los lazos matrimoniales, adquiriría los lejanos territorios de las actuales Francia y España. La pareja más extraña de gobernantes de los Habsburgo de la época fue la formada por un padre y un hijo: Federico III (1415-1493) y Maximiliano I (1459-1519). Eran muy diferentes entre sí, pero tenían un rasgo común, la incapacidad de cumplir los objetivos imperiales. Mientras que Federico no tenía ningún deseo de hacer avanzar el imperio, ya que esperaba constantemente a que las cosas sucedieran, su hijo era todo lo contrario. Maximiliano tenía planes grandiosos y se esforzaba por mejorar las circunstancias del imperio, pero sus esfuerzos fracasaban constantemente y eran infructuosos. Federico se desentendía de sus obligaciones en el imperio, mientras que Maximiliano daba lo mejor de sí mismo para hacer algo significativo. Al final, sus esfuerzos dieron sus frutos en cierto modo, ya que, durante su gobierno, los Habsburgo se convirtieron en los mayores protagonistas de la política europea.

Federico III era el hijo de Ernesto de Hierro, y se le considera uno de los peores gobernantes de la historia de Alemania. Su periodo está marcado por la anarquía en el sistema de gobierno, así como por la completa atrofia del poder imperial. Sin embargo, aunque su gobierno fue desastroso para el imperio, benefició a los Habsburgo al unir las tierras austriacas bajo un solo gobernante y al concertar un matrimonio entre su hijo Maximiliano y la princesa de Borgoña, hija de Carlos el Temerario (1433-1477). Este matrimonio fue importante porque aportó la herencia borgoñona a los Habsburgo. Federico fue elegido emperador en 1440, y su gobierno puede dividirse en dos periodos. El primero duró hasta 1471, y durante él, Austria se vio atormentada por los conflictos internos de la familia. Fueron tan intensos que Federico tuvo que dedicar toda su atención a la Casa de Habsburgo y descuidar sus obligaciones imperiales. Pero desde 1471 hasta su muerte en 1493, volvió a gobernar el imperio con toda su atención, e incluso intentó restaurar la autoridad central.

Federico carecía de iniciativa, y a menudo era criticado por su falta de energía. Sus contemporáneos incluso le pusieron un apodo, el *Erzschlafmütze* (el Archidormilón). Sin embargo, nunca estuvo tan desconectado. Los documentos dejados atrás atestiguan que estaba muy involucrado en el proceso de toma de decisiones. Federico era muy culto y profundamente intelectual. Pero al mismo tiempo estaba convencido de que los Habsburgo tenían una misión divina y que Dios les garantizaría el éxito al final. Por ello, era un gobernante inactivo, ya que creía en el plan de Dios para la familia. Pero esta convicción puede haber sido solo su esfuerzo personal para racionalizar la debilidad de su gobierno imperial. Eligió ser inactivo porque creía que no podía hacer nada para mejorar el imperio. No obstante, el hecho de que consiguiera poner en sus manos todas las posesiones de los Habsburgo debería ser prueba suficiente de que si Federico se proponía hacer algo, lo llevaría a cabo hasta el final. Era un gobernante testarudo, lo que resultó ser un rasgo beneficioso, especialmente cuando se trataba de enemistades familiares.

La primera disputa familiar comenzó en 1435, cuando Federico se convirtió en duque de Austria Interior, mientras que su hermano, Alberto VI, se quedó con los territorios sobrantes en los límites del ducado. En ese momento, Federico comenzó a utilizar su famoso lema, "A.E.I.O.U.", y empezó a firmar documentos con él. Existen muchas especulaciones sobre el significado de este lema porque la explicación que se encuentra en el cuaderno personal de Federico es algo extraña. Está escrita con una letra completamente diferente, por lo que los estudiosos creen que es una falsificación. Sin embargo, es la única explicación conocida del lema de las siglas, y afirma que A.E.I.O.U. significa tanto la versión alemana como la latina de "Todo el mundo está sometido a Austria". Otro problema con esta explicación es que en el momento en que Federico comenzó a gobernar Austria Interior, no había indicios de que toda Austria pudiera estar unida. Estaba fragmentada y en absoluto cerca de convertirse en una sola entidad. Por eso se cree que con Austria, Federico se refería a la Casa de Austria, que eran los Habsburgo.

En 1439, Federico se convirtió en guardián del Tirol porque su tío, el duque Federico IV, murió, dejando un hijo menor de edad llamado Segismundo. Los nobles tiroleses exigieron a Federico que renunciara a su cargo de guardián en 1443, cuando Segismundo cumplió quince años, ya que el heredero legítimo del ducado era ya lo suficientemente mayor para gobernar por sí mismo. Pero Federico se negó. De hecho, desarrolló una estrategia para mantener a Segismundo como prisionero personal hasta que el joven duque accediera a entregarle al menos parte de los territorios del Tirol a él y a su línea estiria de los Habsburgo. Este plan le causaría problemas a Federico más de una década después, pero por el momento, Federico lo consideraba un buen plan, ya que podía utilizar a Segismundo como fuente de ingresos y como escudo contra su hermano Alberto, que continuamente intentaba acaparar más territorio para él. Federico persuadió al joven Segismundo para que concediera algunas de sus tierras a Alberto y así no tener que sacrificar sus propios territorios de Austria Interior.

Federico repitió este patrón de tener al joven heredero de los Habsburgo como peón para sus planes. En 1439, el emperador del Sacro Imperio Romano Germánico Alberto V murió mientras su esposa estaba embarazada de un hijo. Cuando el niño nació, la viuda eligió a Federico como tutor de su hijo, Ladislaus Postumus (llamado así porque nació después de la muerte de su padre). Ladislao era el heredero de la línea albertina de la familia, así como el heredero de la corona bohemia y húngara, lo que lo hacía extremadamente valioso. Por ello, cinco influencias diferentes se cernieron sobre el muchacho durante toda su vida: su madre, Federico y los nobles de Austria, Bohemia y Hungría. Pero cuando la viuda de Alberto eligió a Federico como tutor de Ladislao, este mantuvo esencialmente al niño cautivo y gobernó la Alta y Baja Austria en su nombre. Cuando los nobles húngaros proclamaron a Ladislao como su rey en 1444, Federico se negó a entregarlo, repitiendo el modelo que había ideado con Segismundo, el heredero del Tirol. En 1452, los nobles austriacos se unieron a los nobles bohemios y húngaros para arrancar el control sobre Ladislao de las manos de Federico, pero cuando el duque se negó siquiera a hablar con ellos, enviaron un ejército. Federico se encontró sitiado en Wiener Neustadt. Para aliviar la situación, en septiembre de 1452 aceptó entregar al niño. Ladislao fue llevado inmediatamente a Praga para ser coronado rey de Bohemia.

Ladislao no reinó por mucho tiempo, ya que murió en 1457, y su muerte encendió más rencillas familiares. Era el último varón de los Habsburgo albertinos, lo que hizo que los restantes jefes de familia —Federico, Alberto y Segismundo— se pelearan por la herencia de Ladislao en Austria. Segismundo y Alberto no tardaron en llegar a un acuerdo en el que Alberto le prometía que le compensaría si renunciaba a sus pretensiones sobre las posesiones de Ladislao. Segismundo aceptó, y Federico y Alberto se repartieron estos territorios; sin embargo, el conflicto continuó porque los habitantes de la Alta y Baja Austria se negaron a reconocer a ninguno de los dos como sus gobernantes. La ley y el orden desaparecieron de estas tierras, ya que no había ninguna autoridad que los hiciera cumplir. El caos que provocó esta situación convenía a Alberto, que utilizó su alianza con el rey de Bohemia, Jiří z Poděbrad (Jorge de Podiebrad), para deshacerse de Federico en 1461. Además, Federico tuvo que hacer frente a la rebelión vienesa y, al año siguiente, se quedó sin alimentos mientras vivía sitiado en el castillo de Hofburg. Uno de sus leales diplomáticos utilizó todo su poder para persuadir al rey de Bohemia de que cambiara de bando, quien entonces ayudó a Federico a levantar el asedio de Alberto. Sin embargo, el conflicto llegó a su punto álgido en 1463, cuando Alberto murió repentinamente. En 1464, Federico y Segismundo llegaron a un acuerdo sobre la herencia de Alberto, y el primero se convirtió en el gobernante de la Alta y Baja Austria y de Viena.

Federico gobernó durante cincuenta y tres años, pero no fue elevado al rango de emperador del Sacro Imperio Romano Germánico por su poder político o su capacidad de gobierno. Demostró ser un gobernante pasivo que consiguió muy poco. Más bien, los electores lo eligieron por la posición geográfica de sus tierras. Sus tierras estaban situadas de tal manera que permitían a Federico hacer frente tanto a los disturbios dentro del imperio como a la invasión otomana que se avecinaba. Sus tierras también limitaban con Hungría, que en ese momento empezaba a convertirse en un poderoso reino bajo el gobierno de Matías Corvino. Pero a diferencia de sus predecesores, Federico aseguró la sucesión de su hijo Maximiliano. En 1452, viajó a Roma, donde fue coronado por el papa, convirtiéndose en el último emperador del Sacro Imperio Romano Germánico (y el primer Habsburgo) en hacerlo. En 1470, Federico empezó a tomar un papel activo en la administración del imperio, pero no fue porque de repente entrara en razón. Más bien, fue porque los otomanos avanzaban lentamente hacia sus tierras, y necesitaba preparar la defensa. Para ello, necesitaba el ejército del imperio. Pero para utilizar eficazmente el ejército, tenía que implementar algunas reformas gubernamentales, que le permitieran más libertad para tomar decisiones por su cuenta. Sin embargo, Federico no pudo convencer al consejo imperial para que le concediera el mando de todo el ejército imperial. Solo le permitieron una pequeña fuerza de unos pocos miles de hombres, que era suficiente para montar una defensa de su casa inmediata y de los puntos fronterizos cruciales. Sin embargo, durante su reinado, no serían los otomanos los que tendrían que preocupar a Federico.

En esta época, durante la década de 1470, el rey húngaro, Matías Corvino, luchó contra los turcos y, junto con los nobles rumanos y serbios, defendió el imperio y toda Europa de nuevas invasiones otomanas. En 1482, hizo una tregua con el sultán y aprovechó este armisticio para atacar a Federico. Invadió la Baja Austria, Carintia y Carniola, y en 1485 llegó a conquistar Viena. En 1487, tomó la residencia imperial de Federico en Wiener Neustadt, haciendo que el emperador buscara refugio en Linz. Matías llegó a nombrarse archiduque de Austria, y nada pudo hacer Federico para deshacerse de él en ese momento. De hecho, Federico aprovechó estos acontecimientos para resolver sus problemas de sucesión. Llevó a cabo una política muy cuidadosa para asegurar que su hijo Maximiliano fuera elegido como rey de los romanos. Este título era tradicional, ya que simplemente significaba que era el heredero oficial del imperio. Pero no fueron solo los logros políticos de Federico los que aseguraron a Maximiliano como su heredero; también fue la voluntad de los electores alemanes, que esperaban que el joven y enérgico hijo del emperador se desempeñara mucho mejor que su padre.

Federico esperaba poder influir en el consejo alemán para que le concediera el ejército para recuperar los territorios que había perdido a manos del rey húngaro. Pero, una vez más, se le negó el mando, por lo que no tuvo más remedio que esperar. Matías Corvino murió en 1490, sin dejar ningún heredero varón. Tras su muerte, ningún gobernante fue lo suficientemente rico como para mantener su Ejército Negro, los mercenarios más poderosos y numerosos de la época, y se disiparon. Maximiliano dirigió el ejército austriaco para retomar las tierras, y tuvo éxito. Sin embargo, se quedó rápidamente sin fondos y tuvo que abandonar sus intenciones de avanzar aún más y tomar más territorios húngaros. Pero en lugar de elegir a los Habsburgo, los nobles húngaros eligieron al rey de Bohemia como su próximo soberano. En lugar de admitir la derrota en las elecciones húngaras, Maximiliano persuadió a su primo, Segismundo del Tirol, para que le vendiera los derechos de gobierno sobre sus posesiones. Maximiliano asumió el gobierno de la zona del Tirol en 1490, pero no fue hasta 1492 cuando los demás Habsburgo reconocieron y aprobaron esta transición de poder. Una vez más, todo el patrimonio de los Habsburgo era gobernado por un solo individuo, bueno, dos para ser precisos, ya que tanto Federico como Maximiliano, padre e hijo, gobernaban como cabeza de familia. Pero en 1493, la salud de Federico se había deteriorado, y ese mismo agosto sufrió un ataque mortal. Federico no consiguió mucho, pero sin duda sentó las bases para el exitoso gobierno de Maximiliano I.

Maximiliano I (1459-1519)

El emperador Maximiliano I con su familia

https://upload.wikimedia.org/wikipedia/commons/6/63/ Bernhard_Strigel_003b.jpg

La tradición de los Habsburgo presenta a Maximiliano I como el "último caballero". La verdad es que gobernó durante los primeros años del Renacimiento, cuando los antiguos ideales caballerescos empezaban a decaer, y era el tipo de rey que dirigía sus propias tropas. Otro aspecto de su gobierno y de su vida que lo sitúa más cerca de los caballeros medievales que de los príncipes renacentistas fue el constante movimiento de su gobierno, muy parecido al de las cortes itinerantes del pasado, ya que su gobierno no tenía una capital permanente. Pero en todos los demás aspectos, Maximiliano fue un verdadero hombre del Renacimiento. Estaba constantemente ocupado con nuevas ideas y proyectos, así como con nuevas innovaciones en la ciencia y el arte. Incluso su ideología militar no estaba completamente anclada en el pasado, ya que aprobaba sin reservas el uso de la artillería moderna. Se le considera uno de los gobernantes más avanzados de su tiempo, y a menudo se entregó a las tendencias humanistas del arte, la filosofía, la ingeniería y la ciencia. Por lo tanto, Maximiliano I no era el "último caballero" como su familia intentó presentarlo, pero tampoco era del todo un príncipe renacentista. Caminó por la fina línea que separa esos dos mundos, y el éxito con el que lo hizo habla mucho de su carácter.

Nicolás Maquiavelo, un famoso filósofo italiano, conoció a Maximiliano en varias ocasiones, y lo describió como un gobernante perfecto con un solo defecto: no sabía administrar sus fondos. Esto es cierto, ya que los grandiosos planes de Maximiliano se veían frenados a menudo por la falta de fondos. Gastó la mayor parte del tesoro real en conflictos con Francia después de casarse con la hija del gobernante de Borgoña, María la Rica, en 1477. Con este matrimonio, Maximiliano obtuvo el derecho a la herencia borgoñona, pero el rey Luis XI de Francia tenía gran interés en estos territorios. El monarca francés no permitiría que parte de su imperio pasara a manos de un rey alemán. En 1481, Maximiliano resolvió el problema que tenía con Luis XI entregando Artois y el ducado original de Borgoña. Pero estos conflictos eran costosos, y la población de los Países Bajos (los actuales Países Bajos, Bélgica, Luxemburgo y la región francesa de Calais) se rebeló. La falta de dinero no era el único motivo de la rebelión, aunque ayudó a su propagación entre las distintas clases sociales. También protestaron contra el nuevo gobernante, Maximiliano. Cuando su esposa murió en 1482, la resistencia del pueblo se hizo aún más fuerte. Los nobles flamencos exigieron tomar a su hijo, Felipe, bajo su custodia para que se convirtiera en el heredero de la princesa María y no en un heredero de los Habsburgo. Maximiliano se vio obligado a ir a la guerra contra los nobles para preservar su estatus de gobernante y, en 1485, consiguió derrotarlos.

Sin embargo, su victoria no supuso el fin del conflicto. Volvió a subir los impuestos para poder pagar a los mercenarios extranjeros que había contratado, y el pueblo se rebeló una vez más. Pero durante esta revuelta, los representantes de Brujas y Gante consiguieron hacer prisionero a Maximiliano. En 1488, fue retenido como rehén en el edificio de una farmacia en la plaza principal de Brujas durante varias semanas. Temiendo por su vida, Maximiliano envió a escondidas una carta a su padre, en la que le pedía ayuda. Solo cuando Federico organizó un ejército para ayudar a rescatar a su hijo, los nobles de Brujas, Gante y la ciudad de Ypres se sentaron a la mesa de negociaciones. Al darse cuenta de que habían instalado el miedo en Maximiliano, decidieron tratarlo con respeto y reconocerlo como gobernante, pero este no fue el fin de sus problemas en los Países Bajos.

Borgoña, o al menos parte de su territorio en los Países Bajos, siguió siendo una posesión de los Habsburgo hasta 1797. Eran tierras ricas que aportaban riqueza a la familia, pero también desempeñaban un papel cultural en el gobierno del imperio de los Habsburgo. Eran el puente entre Alemania y Francia, y a través de ellas se intercambiaban a menudo arte e ideas intelectuales. No se puede negar la influencia cultural de Francia en la dinastía de los Habsburgo, pero la influencia viajó en ambas direcciones, ya que Francia adoptó algunos de los valores e ideales alemanes de la corte de los Habsburgo. Desde el punto de vista político, las tierras borgoñonas atrajeron a los Habsburgo a la órbita de la influencia francesa e inglesa, pero también desencadenaron el conflicto entre

Francia y los Habsburgo, que sacudiría a Europa durante más de dos siglos.

De vuelta a Austria, el gobierno de Maximiliano trajo la paz y el orden. Los Habsburgo se unificaron por fin bajo un solo gobernante, cuya base principal estaba en Innsbruck, en el Tirol. Maximiliano eligió el Tirol como base porque Viena estaba demasiado lejos al este, mientras que sus intereses personales y políticos estaban en el oeste y en los recién adquiridos Países Bajos. Gracias a sus minas de plata y sal, así como al hecho de que la principal ruta comercial transalpina pasaba por allí, el Tirol era la gallina de los huevos de oro de Austria y de la dinastía de los Habsburgo, cuyos ingresos utilizaba Maximiliano para financiar sus guerras y sus planes políticos. Pero a diferencia de su padre, Maximiliano no concentró toda su energía en Austria. Quería ser el emperador perfecto. Era consciente de que su imperio estaba amenazado tanto por los franceses como por los otomanos, y quería hacer fuerte a toda Alemania para que pudiera resistir estas amenazas. Para lograrlo, Maximiliano necesitaba reformar las instituciones imperiales, como la administración, la justicia y el sector financiero. Sin embargo, los nobles, los prelados y las ciudades independientes tenían una idea diferente de lo que debían incluir estas reformas. El principal problema era que Maximiliano nunca fue capaz de diferenciar entre sus intereses personales y los intereses del Estado. Para él, él era el imperio, y todo lo que consideraba bueno para él era por defecto bueno para el Estado. Pero los ricos y nobles de Alemania no estaban de acuerdo. Maximiliano quería hacer más efectivo el poder central; no quería fortalecer el Estado, sino reforzar su poder y extender su influencia por el imperio. Al final, los nobles aceptaron negociar con Maximiliano, y fueron necesarias varias asambleas, conocidas como el *Reichstag*, para finalizar las reformas.

Sin embargo, las diferencias entre el rey y sus consejeros eran tan grandes que, en la mayoría de los casos, las reformas solo se aplicaron parcialmente. Por ejemplo, durante una de las asambleas que tuvo lugar en Worms en 1495, se creó el nuevo alto tribunal imperial, el *Reichskammergericht*. Su función era aceptar las apelaciones de los tribunales inferiores, lo que contribuyó a centralizar el sistema de justicia del imperio. Sin embargo, los nobles hicieron todo lo posible para minimizar la influencia del emperador en el alto tribunal, e incluso se prohibió a Maximiliano elegir a los jueces. Pero la asamblea de Worms sí aprobó la creación del llamado "penique común", un nuevo impuesto que recaudaba ingresos con los que se financiaba la defensa imperial. Esto era positivo desde el punto de vista de Maximiliano, ya que el nuevo impuesto creaba medios estables para financiar el ejército en los conflictos que él instigaba. Pero Maximiliano no esperaba que hubiera resistencia al nuevo impuesto. Incluso cuatro años después de su implantación, el "penique común" no se recaudaba.

Durante las dos décadas siguientes a 1495, Maximiliano se vio envuelto en una serie de guerras que no le reportaron mucho éxito. Gran parte del conflicto fue contra la familia gobernante francesa, los Valois. Pero esta vez no luchaban por Borgoña, sino por quién iba a imponer su influencia en Italia. Maximiliano deseaba continuar con la influencia del imperio en sus antiguos territorios del norte de Italia, pero los reyes franceses, concretamente Carlos VIII y Luis XII, empezaron a interesarse por la región. Para mantener su autoridad, aceptó casarse con Bianca Maria Sforza, una hija del duque de Milán. Otro motivo de este matrimonio era su dote, que aportaría a Maximiliano las finanzas que tanto necesitaba para mantener vivo el conflicto. Pero en este matrimonio no hubo nada más que intereses económicos. Maximiliano trató muy mal a su nueva esposa, haciéndola vivir como una plebeya en un pequeño hogar. La obligó a desprenderse de sus sirvientes y de todas sus damas de compañía. En un momento dado, ella incluso tuvo que empeñar su ropa interior a los acreedores locales para comprar comida. Todo ello para financiar las costosas guerras de su marido, guerras que no le reportaron más que humillaciones. En Italia, Maximiliano fue derrotado repetidamente por los franceses, y en 1500, su suegro fue capturado, lo que dio al rey francés el control de Milán. Los estados imperiales de Borgoña, Alemania y Austria se negaron a enviar dinero y hombres a Maximiliano, ya que el consejo los consideraba inútiles.

Pero Maximiliano no estaba dispuesto a renunciar a sus planes. Después de 1500, comenzó a utilizar la diplomacia con más frecuencia que las armas. Su suerte pareció cambiar, ya que demostró tener más éxito en la diplomacia que en la guerra. Consiguió romper la alianza de Francia y la República de Venecia, y en 1508 organizó la Liga de Cambrai, que incluía a los Estados Pontificios, Francia y España, y enfrentó a la liga con Venecia. Finalmente, Francia rompió y retomó una actitud hostil hacia Maximiliano. El emperador buscó ayuda en Gran Bretaña y, juntos, atacaron París. Sin embargo, la guerra fue infructuosa, y en 1514, Maximiliano y Luis XII firmaron una tregua. Debido a las deudas que había creado para mantener las guerras, Maximiliano tuvo que renunciar a sus esfuerzos en Venecia en 1518, pero la guerra contra los franceses en Italia se reanudó. Durante los últimos años de su vida, Maximiliano se aseguró de que su nieto, Carlos V, fuera elegido el próximo emperador del Sacro Imperio. Comenzó a sobornar a los electores alemanes, pero murió antes de completar su esfuerzo. Carlos V tuvo que continuar los esfuerzos de su padre por sí mismo.

Capítulo 3 - La superpotencia de Europa

El estandarte imperial (1400-1806)

https://en.wikipedia.org/wiki/Holy_Roman_Empire#/media/File:Banner_of_the_Holy_Roman_Emperor_with_haloes_(1400-1806).svg

Durante el reinado de Carlos V y sus sucesores inmediatos, el Sacro Imperio Romano Germánico se convirtió en una superpotencia europea. Los gobernantes del siglo XVI son llamados con razón "la mayor generación de Habsburgo". Todos los miembros de la familia nacidos en esta época fueron reyes o reinas. Gobernaron el Sacro Imperio Romano Germánico, Hungría, Bohemia y Austria, entre otros. Los miembros femeninos de los Habsburgo se casaron para ser reinas de algunos de los mayores reinos europeos, como Portugal, Holanda, Francia, Dinamarca, Suecia y Noruega. Carlos V eligió su lema "Plus ultra" ("más allá"), ya que describía simbólicamente su mayor logro, la ampliación de las fronteras de su imperio hasta las puertas de Gibraltar. Estas palabras las había oído de joven a su consejero italiano, que creía que el mundo cristiano se expandiría más allá de Europa. El imperio de Carlos se extendía por todo el mundo, más grande de lo que cualquier gobernante europeo, pasado o presente, podía pretender. Este imperio del siglo XVI fue el que más acercó a Austria a su destino de gobernar el mundo.

Durante esta época, una familia gobernó a todos. Quizá no solo de nombre, pero sí por su presencia. Los Habsburgo ganaron tantas coronas europeas porque se les consideraba la respuesta a los problemas de la época. Los Habsburgo eran extremadamente ricos, tenían muchos aliados poderosos, eran influyentes y, sobre todo, eran una familia. Como tal, se les consideraba un cuerpo único que sería lo suficientemente fuerte como para defender las tierras de las amenazas externas. En Bohemia y Hungría, los Habsburgo llegaron a gobernar porque estaban dispuestos a gastar sus recursos familiares para montar la defensa contra la invasión otomana. Esta generación de Habsburgo también demostró ser muy cosmopolita y adaptarse a las distintas culturas de Europa. Como familia, fueron educados de la misma manera, pero en diferentes partes del imperio. Tuvieron una oportunidad única de conocer el mundo que les rodeaba. Por ello, cuando se convirtieron en gobernantes de Polonia, Suecia, Portugal o incluso Sicilia, no tuvieron problemas para adaptarse y convertirse en un rey o una reina eficiente. Sin embargo, esto no significa que fueran personas extraordinarias. Por ejemplo, Carlos V no era un gobernante brillante ni un estratega militar. Era simplemente un hombre que, por suerte, llegó a ostentar un poder y una riqueza extraordinarios. Pero demostró ser lo suficientemente competente como para cumplir con las responsabilidades que conllevan los títulos imperiales.

Una vez que la familia se separó para asumir sus títulos, rara vez se reunían. Carlos y su hermano menor, Fernando, rey de Hungría, Croacia y Bohemia, se reunieron por primera vez en 1517. Habían pasado muy poco tiempo juntos, por lo que nunca se conocieron realmente. Como gobernantes, sus intereses eran a menudo diferentes, pero consiguieron establecer una relación de trabajo estrecha y cordial. La explicación de esto debe estar en los lazos familiares y el sentido de la lealtad que los Habsburgo apreciaban. Las reglas eran sencillas: Carlos no solo era el emperador, sino también el jefe de la familia, por lo que Fernando le debía lealtad. Poco a poco, los hermanos desarrollaron una confianza mutua, y Carlos incluso permitió que Fernando se hiciera cargo de los asuntos del Sacro Imperio Romano Germánico mientras él estaba ocupado con sus intereses personales. Al mismo tiempo, Fernando era consciente de las expectativas de su hermano, y no intentó tomar la iniciativa en lo que respecta a la administración del imperio. Sabía que su tarea consistía únicamente en cumplir las órdenes de Carlos. Sin embargo, los hermanos tuvieron desacuerdos sobre varios asuntos. Por ejemplo, no se ponían de acuerdo sobre cómo tratar con los otomanos o sobre quién sucedería en el trono imperial tras la muerte de Carlos. Sin embargo, Fernando demostró ser paciente y sabio. Nunca desobedeció abiertamente ni expresó sus consideraciones. Aprendió a dilatar, desviar y persuadir a su hermano para que cambiara de opinión.

Carlos V (1500-1558)

Emperador Carlos V de 1519
https://en.wikipedia.org/wiki/Charles_V,_Holy_Roman_Emperor#/
media/File:Barend_van_Orley_-_Portrait_of_Charles_V_-
_Google_Art_Project.jpg

Carlos fue criado por su tía, la archiduquesa Margarita, que gobernaba los Países Bajos de los Habsburgo. Era hija del emperador del Sacro Imperio, Maximiliano I, acogió al joven Carlos y contrató a su primer tutor, Adrián de Utrecht, que más tarde se convertiría en el papa Adriano VI. Estos dos tutores instauraron en el joven príncipe los valores caballerescos, el amor a Dios y el sentido del deber hacia la Iglesia. Adoptó estas actitudes muy pronto en su vida, y seguirían marcando todo su reinado. A los dieciséis años llegó a gobernar España, a pesar de que nunca antes había pisado el país. La nobleza española se resistió al principio porque le consideraba un gobernante extranjero. Su propio hermano, Fernando, había nacido y crecido en España, por lo que le preferían a él. Para eliminar la amenaza que suponía su hermano menor, Carlos envió a Fernando a Alemania para que se hiciera cargo de las propiedades de la familia.

Poco después de convertirse en rey de España, el abuelo de Carlos, el emperador Maximiliano I, murió en 1519. Para asegurar su elección, el anterior emperador había empezado a comprar votos. A través de sus apoderados, Carlos continuó haciendo lo mismo, gastando tanto dinero en sobornos que sigue siendo conocido en la historia como el emperador que compró su imperio. Los otros dos competidores por el título, Francisco I de Francia y Enrique VIII de Inglaterra, no disponían de tales fondos para competir con el joven Habsburgo. Carlos gastó, pidió prestado y recibió aproximadamente 851.000 florines, cuyo valor es difícil de calcular hoy en día. Para pintar el cuadro, las familias ricas, los nobles y los comerciantes que prestaron el dinero al rey tuvieron que endeudarse ellos mismos y sus negocios. Sin embargo, la inversión mereció la pena porque una vez que Carlos se convirtió en emperador, ascendieron hasta convertirse en grandes comerciantes y nobles, y sus negocios crecieron enormemente. El precio de la corona alemana habla del prestigio que aportaba a la persona que la llevaba. Pero tras el reinado de Carlos V, ese prestigio empezó a disminuir, para no volver a alcanzar esas cotas. Aunque ser emperador del Sacro Imperio Romano Germánico era restrictivo en el sentido del poder ejecutivo, había que proteger el mundo cristiano desde el océano Atlántico en el oeste hasta las fronteras orientales de Austria, desde los Países Bajos en el norte hasta el mar Mediterráneo en el sur. Durante el siglo XVI, el imperio era el más grande desde que Carlomagno lo había iniciado en el año 800.

El enorme tamaño del imperio hizo que Carlos tuviera que recurrir a gobernadores, virreyes y diplomáticos para controlarlo. Aunque el Sacro Imperio Romano Germánico era un imperio alemán, Carlos solo pasó nueve años de sus cuarenta años de reinado en Alemania. Carlos pasó los primeros años de su reinado en España. Aprendió el castellano, adoptó su gobierno al tradicional español y empezó a actuar como un español. Estos esfuerzos le reportaron finalmente popularidad en la península ibérica. A cambio, consiguió la paz y la prosperidad para el reino español. Sin embargo, el inicio del gobierno imperial de Carlos se ve empañado por la rebelión de los españoles, conocida como la revuelta de los comuneros, durante la cual los nobles que estaban en contra del gobierno imperial formaron un gobierno comunal (de ahí el nombre de comuneros). En ese momento, Carlos no estaba en España, y había dejado el reino bajo la regencia de su tutor, Adrián de Utrecht. Los rebeldes exigían más libertad para ciertas ciudades, la presencia del rey en el país y la expulsión de los extranjeros de los cargos reales. El conflicto duró solo un año, y los leales al imperio ganaron la decisiva batalla de Villar en abril de 1521. Los líderes de la revuelta fueron detenidos y ejecutados. El fin de la revuelta aportó seguridad a la sucesión de los Habsburgo en la corona española y el fortalecimiento del régimen monárquico.

La rebelión en España no fue la única a la que tuvo que enfrentarse Carlos durante su reinado como emperador del Sacro Imperio. Su tierra natal, los Países Bajos, se levantó contra él porque utilizaba ampliamente sus riquezas para financiar sus empresas imperiales. Al igual que en España, Carlos estaba ausente de los Países Bajos cuando se produjo la rebelión. Toda la región estaba bajo la gobernación de su tía Margarita, y los primeros problemas allí ocurrieron mucho antes, en 1515, cuando Maximiliano I había subido los impuestos para financiar sus guerras. Carlos heredó esta rebelión de su abuelo y le asestó un golpe definitivo en 1523, cuando su ejército capturó y ejecutó a dos de los líderes más destacados de la rebelión.

Aunque estas regiones eran problemáticas para Carlos, lo más problemático era el gobierno de todo el Sacro Imperio Romano Germánico, ya que en este periodo se inició la Reforma, que fue una de las épocas más perturbadoras de la historia europea. El emperador era un defensor del cristianismo, pero esto no significa que Carlos fuera extremadamente ortodoxo en sus creencias. Vivió durante el Renacimiento, por lo que se vio influenciado por las ideas de grandes líderes religiosos y seculares, lo que le llevó a creer que la Iglesia sí necesitaba una reforma. Durante su reinado, Alemania estaba desgarrada por el conflicto religioso entre católicos y protestantes, con Martín Lutero exigiendo la reforma no solo de la Iglesia, sino también de la autoridad del papa. Carlos esperaba poder acabar con el conflicto de forma pacífica, pero consideraba que las ideas de Lutero eran heréticas, e incluso admitió que se avergonzaría personalmente si permitía su propagación por su imperio. La principal razón por la que Carlos estaba en contra de la Reforma era que la veía como un medio para romper la unidad de todos los cristianos. Pero esta no era la única razón. Carlos era un hombre inteligente, y se dio cuenta de que con la ruptura de la unidad de los cristianos, la unidad del Sacro Imperio Romano Germánico terminaría también. Los príncipes alemanes ya habían comenzado a utilizar las ideas protestantes contra el poder del emperador, pero Carlos se negó a hacer un compromiso. Su tozudez en el asunto solo provocó una resistencia aún más fuerte a su gobierno. La cristiandad acabó escindida y el reinado de Carlos como emperador se vino abajo.

En el Reichstag (o Dieta) de Worms, en abril de 1521, Carlos se reunió con Martín Lutero y escuchó su famoso discurso en el que explicaba sus principios y exigía la reforma de la Iglesia. Sin embargo, Carlos no se dejó convencer y no vio otra solución que proscribir a Lutero. Las ideas de la Reforma siguieron extendiéndose por el imperio, y el famoso sacerdote encontró refugio en la corte del príncipe sajón. En 1530, cuando se iba a celebrar el siguiente Reichstag, los protestantes se habían dividido y empezaron a reunirse en dos facciones, una basada en las enseñanzas de Lutero y otra en torno a Ulrich Zwingli, un líder suizo del movimiento de la Reforma. Pero el principal objetivo de Carlos en el Reichstag no era solo encontrar un compromiso religioso, sino también conseguir dinero y un ejército contra los otomanos. Sin embargo, fracasó en ambas cosas. Lo único que consiguió durante esta reunión fue asegurar a su hermano, Fernando, como su sucesor. El hermano menor de los Habsburgo recibió el título de rey de los romanos en 1531. Carlos prometió que no utilizaría la fuerza contra los protestantes, pero el conflicto religioso continuó y, durante la siguiente década, Carlos trató continuamente de apaciguar tanto a los católicos como a los protestantes sin éxito. Finalmente, cuando se dio cuenta de que no había otra solución, recurrió al ejército. Durante el Reichstag de Ratisbona en 1541, las negociaciones iban bien, pero la forma final de la paz fue rechazada tanto por el papa como por Martín Lutero.

El papa finalmente inició un concilio para la Contrarreforma en 1545, pero esta vez los protestantes se negaron a asistir. En su lugar, organizaron la Liga de Esmalcalda, una alianza de varios príncipes y ciudades alemanas cuya tarea era montar una defensa contra los católicos. En la década de 1540, varios príncipes electores alemanes se convirtieron al protestantismo y, en 1547, la mayoría del colegio electoral imperial les pertenecía. Esto supuso una gran amenaza para los Habsburgo, especialmente porque los protestantes alemanes se aliaron con el enemigo de Carlos, Francisco I, rey de Francia. El emperador no vio otra opción que la guerra contra sus enemigos, aunque tuvo el cuidado de especificar que no todos los protestantes eran considerados enemigos, solo la traicionera Liga de Esmalcalda. Carlos comenzó a organizar a sus partidarios en una alianza, que incluía principalmente a los nobles alemanes que querían sustituir a los electores existentes. La batalla decisiva tuvo lugar en Mühlberg en abril de 1547, y Carlos ganó. Esta victoria fue el punto culminante del gobierno de Carlos, pero no le ayudó a resolver los problemas internos del imperio. Intentó impulsar una centralización aún más fuerte del gobierno, pero incluso los príncipes católicos lo rechazaron, viéndolo como una excusa más para acaparar más poder.

Los años siguientes fueron desastrosos para Carlos, ya que los acontecimientos que se produjeron le llevaron a abdicar. Declaró públicamente su deseo de que la corona imperial se alternara entre las ramas española y austriaca de la familia de los Habsburgo, pero tanto los católicos como los protestantes resentían la idea de ser gobernados por un español. Los protestantes volvieron a aliarse con el rey francés, que ahora era Enrique II, y en 1552 lanzaron un ataque sorpresa contra Carlos. Carlos consiguió defender su posición en Innsbruck e hizo retroceder al ejército protestante a través de los Alpes hasta Carintia. Ese mismo año, Enrique II lanzó un ataque contra las ciudades alemanas de Lorena, derrotando a Carlos. Fernando se hizo cargo de las negociaciones con los príncipes protestantes y, en 1555, logró la Paz de Augsburgo. Era una paz religiosa que otorgaba a los gobernantes el poder de decidir si sus territorios serían protestantes o católicos. Carlos se negó a firmar el documento porque degradaba la autoridad imperial, dejando que cada rey tomara esa decisión sin consultar al emperador. Sin embargo, Fernando finalizó la paz y la firmó con autoridad imperial como rey de los romanos y heredero de Carlos.

En cuanto a la política exterior, el principal problema de Carlos era el constante conflicto con Francia y, en particular, con su rey Francisco I (r. 1515-1547). Pero este conflicto era mucho más antiguo, ya que comenzó durante el reinado de Maximiliano, cuando este tomó Borgoña. Desde entonces, los reyes franceses estaban ansiosos por recuperar Borgoña, así como por acabar con la superioridad de los Habsburgo en Europa. Al fin y al cabo, Francia estaba rodeada por los territorios de los Habsburgo, al norte con los Países Bajos y Calais, Alemania al este y España al sur. Carlos y Francisco competían principalmente por el control de Navarra, Borgoña y el norte de Italia, en particular Milán. Francisco también estaba resentido con Carlos por haber perdido la elección imperial frente a él, y aprovechó los disturbios causados por la revuelta de los comuneros para atacar Navarra en 1521. Sin embargo, el ejército español consiguió hacer frente a los franceses sin tener que invocar la protección imperial. El conflicto se trasladó entonces al norte de Italia porque era la región más rica de Europa en ese momento y un premio digno. Carlos defendió Milán con vigor porque veía la región como un vínculo con sus territorios en el sur de Italia, que había heredado de su parte española de la familia. Pero Francia no era la única que intentaba imponer su influencia en el norte de Italia. En la batalla de Pavía, en 1525, Carlos derrotó a Francisco e incluso lo hizo prisionero. Al año siguiente, en Madrid, el rey francés firmó un tratado de paz en el que renunciaba a sus pretensiones en Italia y Flandes, pero en cuanto fue liberado, repudió el tratado, sobre todo porque contaba con el apoyo del papa Clemente VII y de los Estados Pontificios. Carlos envió un ejército a Roma para intimidar al papa, pero su ejército se rebeló contra él porque no pagó a los soldados. El motín del ejército de los Habsburgo provocó el saqueo de Roma y el exilio del papa durante nueve meses. Carlos se disculpó por los desafortunados acontecimientos, pero el escándalo sacudió a Europa y arruinó su buena imagen. Durante varios años más, los franceses atacaron a los Habsburgo en Italia, pero el papa Clemente acabó perdonando al emperador e incluso accedió a coronarlo el 24 de febrero de 1530, en el trigésimo cumpleaños de Carlos.

A pesar de ello, el conflicto con Francia continuó, especialmente en 1534, cuando Francisco llegó a un acuerdo con los otomanos contra los Habsburgo y volvió a atacar Italia. Carlos quería evitar la muerte de su pueblo, por lo que se ofreció a batirse personalmente con Francisco en un duelo, pero el papa Pablo III prohibió terminantemente dicha lucha. La paz se hizo finalmente en 1537, cuando ambos monarcas agotaron sus fondos y no tenían medios para continuar la guerra. En 1542, Francisco realizó otra ofensiva, esta vez atacando tanto Italia como los Países Bajos. Para esta lucha, Carlos consiguió convencer al consejo de que le concediera el ejército imperial, y también se le unió Enrique VIII de Inglaterra. Juntos, invadieron Francia, llegando hasta París. En represalia, Francisco atacó Nápoles en 1544, pero su avance se detuvo con su muerte en 1547. Su hijo y heredero, Enrique II, reanudó el conflicto con los Habsburgo en 1552.

Durante el reinado de Carlos V se produjeron dos acontecimientos importantes que él no consideró lo suficientemente importantes como para ocupar su atención imperial. Sin embargo, desde el punto de vista de la historia, estos acontecimientos son llamativos. El primero fue el avance otomano en Europa, al que tuvo que hacer frente el hermano de Carlos, Fernando, y el segundo fue la conquista de las Américas. En 1519 se inició el sometimiento de los aztecas, pocos meses antes de que Carlos se convirtiera en emperador. En 1535, se produjo una importante batalla naval con los otomanos en el mar Mediterráneo, frente a las costas de Túnez. Ese mismo año se produjo la conquista del Imperio inca, y la expansión de las tierras cristianas se realizó en nombre del rey de España y emperador de todos los cristianos, Carlos V. Aunque Carlos tuvo poco que ver personalmente, todo lo que se consiguió fue en su nombre y gloria. La Nueva España (el actual México) y el Perú se organizaron como reinos separados bajo el gobierno de Carlos, pero fueron supervisados con la ayuda de virreyes y consejos especiales conocidos como *audiencias*. Carlos solo se inmiscuyó en las colonias de ultramar para garantizar los derechos humanos de los nativos conquistados. Esto era muy progresista para la época. Carlos no podía permitir que la esclavitud aumentara en los territorios recién adquiridos, sobre todo porque España ilegalizó la esclavitud en sus propios territorios en 1492, aunque seguía siendo totalmente legal en las colonias. No obstante, Carlos creía que los nativos, al menos los que habían nacido libres, debían seguir siendo ciudadanos legítimos de su nuevo reino, aunque a menudo se les describiera como nada más que animales salvajes. En 1542, promulgó una serie de leyes que abolían la esclavitud en los territorios españoles de las Américas, pero su decisión no fue completamente humanitaria. Necesitaba gente libre que pudiera mantener a raya a los virreyes y evitar que hicieran de los nuevos reinos tierras hereditarias y crearan una nueva dinastía que derrocara a los Habsburgo. Sin embargo, Europa y el emperador estaban muy lejos, por lo que las leyes que promulgaba Carlos no siempre se cumplían.

Carlos era consciente de que su imperio era demasiado grande para ser gobernado por una sola persona o incluso como una entidad política unificada. Por ello, nombró a su hermano menor Fernando como regente de *Erblande*, las Tierras Hereditarias de Austria, en 1522. Pero lo que realmente hizo Carlos fue preparar el terreno para otra división de la familia, esta vez en las ramas austriaca y española. Más adelante, Carlos temía que Fernando no fuera lo suficientemente fuerte como para mantener unidas todas las posesiones de la familia, especialmente Borgoña, por lo que concedió los Países Bajos a su hijo Felipe, que ya tenía riquezas españolas como heredero de la corona española. Con el tiempo, Carlos quiso que Felipe se apoderara de Alemania y asegurara la corona imperial para la rama española de la familia Habsburgo, pero abandonó rápidamente esta idea porque se dio cuenta de que los príncipes alemanes nunca permitirían que un rey español los gobernara. Carlos hizo todo esto con la intención de abdicar al trono. Había planeado hacerlo desde 1553, pero se tomó su tiempo para asegurar la posición de su hijo en el mundo político. En 1555, con un discurso muy emotivo y con lágrimas en los ojos, Carlos pasó el control de los Países Bajos a su hijo Felipe. En enero de 1556, renunció a la corona española y, a finales de año, ya no tenía la corona imperial. Al año siguiente, Carlos se retiró al Monasterio de Yuste en Extremadura, España. Sin embargo, el viejo emperador no llevó una vida monástica. Llevó consigo a unos sesenta sirvientes y a menudo disfrutaba de lujosas cenas. Siguió haciendo política y aconsejando a su hijo Felipe hasta su muerte en septiembre de 1558.

Fernando I (1503-1564)

El emperador Fernando I, un retrato póstumo de 1575
https://en.wikipedia.org/wiki/Ferdinand_I,_Holy_Roman_Emperor
#/media/File:Ferdinand_I_by_Martin_Rota.jpg

Fernando nació y creció en España, pero se convirtió en el regente de su hermano Carlos en las tierras hereditarias de Austria. Cuando llegó a Austria en 1521, aunque era un Habsburgo, no fue aceptado inmediatamente. Al igual que su hermano en España, Fernando tuvo que enfrentarse a la xenofobia de los nativos, que le consideraban un extranjero que traía a muchos españoles y holandeses a su nueva corte. Cuando llegó a Viena, tanto la Baja como la Alta Austria estaban revueltas. Sin embargo, Fernando era muy metódico y se ocupó de la sublevación inmediatamente. Llevó a sus líderes a juicio y los hizo ejecutar. A continuación, comenzó a aprender la lengua alemana y la situación del país para poder gobernar con mayor eficacia. Pero, a diferencia de Carlos, Fernando quiso acercarse al pueblo y aprendió no solo el alemán, sino también el polaco y el húngaro, que serían las lenguas de los territorios que llegaría a gobernar más adelante.

Ya en 1526, los bohemios eligieron a Fernando como rey, ya que su propio rey, Luis II, murió en la batalla contra los otomanos. Esto no era extraño porque Fernando era cuñado de Luis, y este optó por pasar la herencia a un Habsburgo. Sin embargo, los húngaros no estaban tan dispuestos a dar la corona a Fernando. Los nobles húngaros eligieron como rey al magnate transilvano Juan Szapolyai. Pero la hermana de Fernando y viuda de Luis, María, se encargó de ganar a algunos de los nobles húngaros para su hermano. Tuvo éxito, pero no fue suficiente, ya que Szapolyai estaba dispuesto a defender su derecho con las armas. El conflicto en torno a la corona húngara duró años, aunque Fernando consiguió derrotarlo en 1527. Los transilvanos consiguieron escapar y formar una alianza con Francisco I de Francia y con el sultán otomano Solimán. En 1530, Fernando había sido coronado rey de Hungría, pero en realidad solo controlaba una pequeña parte de sus territorios: Croacia, Hungría occidental y la Alta Hungría, que es el actual territorio de Eslovaquia. Transilvania estaba en manos de Szapolyai, y el resto del reino húngaro estaba ocupado por los otomanos. En 1538, Fernando y Szapolyai llegaron a un acuerdo por el que el monarca de los Habsburgo heredaría Transilvania tras la muerte de Szapolyai. Pero cuando Juan murió en 1540, Fernando no tenía la fuerza suficiente para reclamar su herencia. En su lugar, el hijo de Szapolyai se convirtió en el nuevo voivoda de Transilvania, ya que contaba con el apoyo del sultán. Hungría permaneció dividida en tres partes hasta el siglo XVII.

Fernando consiguió sentar las bases de la monarquía de los Habsburgo en las tierras del Danubio, y esta monarquía sobrevivió en gran medida a las pretensiones españolas. El desarrollo de esta monarquía estuvo marcado por la forma en que Bohemia y Hungría pasaron a formar parte de los territorios de los Habsburgo, ya que entraron como dos reinos separados e independientes. Pero la principal razón por la que los bohemios y los húngaros querían que los Habsburgo los gobernaran era que creían que la familia era lo suficientemente fuerte como para defenderlos de la invasión turca. Sin embargo, este era el único objetivo común de los tres reinos, ya que Austria, Bohemia y Hungría tenían muy poco en común durante el siglo XVI. Tanto Hungría como Bohemia eran reinos compuestos, lo que significa que estaban formados por diferentes provincias con diversos grados de autonomía. Bohemia estaba formada por Bohemia propiamente dicha, así como por Moravia, que contaba con una nobleza de habla checa, y Silesia y Lusacia con una nobleza de habla alemana. Las últimas provincias estaban descentralizadas y controladas por familias independientes, pero en su conjunto, Bohemia tenía una industria minera y textil bien desarrollada y próspera. Hungría también estaba formada por diferentes provincias: Hungría propiamente dicha, Croacia, Eslovaquia y Transilvania (hoy parte de Rumanía). Pero Hungría se encontraba en una posición más difícil porque sus partes estaban ocupadas por los turcos, mientras que Transilvania actuaba como vasallo turco (aunque no todo el tiempo). Por ello, Hungría se quedó atrás en la industrialización y dependía en gran medida de la agricultura.

Fernando tenía ante sí una difícil tarea: gobernar un territorio compuesto por tres reinos diferentes, que a su vez estaban formados por provincias más pequeñas con cierta autonomía. Tenía que pensar en una forma de gobernar este conglomerado dispar si quería ser un gobernante eficiente y, sobre todo, si quería protegerlas de los otomanos, que cada año se acercaban más a Viena. En 1521 tomaron Belgrado (actual capital de Serbia) y en 1526 derrotaron a los húngaros. Austria fue la siguiente en llegar. Fernando tuvo que montar una defensa, pero contaba con recursos muy limitados. Sus reinos contaban con unos siete millones de habitantes, frente a los otomanos, que sumaban unos veinte millones. Aunque el sultán no tuvo dificultades para reunir a unos 60.000 soldados, Fernando tuvo muchas dificultades para reclutar incluso a 20.000. Pero la suerte estaba del lado de Fernando porque para los otomanos del siglo XV, la conquista de Austria no era una prioridad. Ellos libraron sus principales batallas en el este contra Persia. Sin embargo, seguían siendo una amenaza para Europa, y Fernando tenía que estar preparado para salir a la defensa. No podía contar con la ayuda del Sacro Imperio Romano Germánico porque su hermano, el emperador Carlos V, estaba luchando en sus guerras contra Francia y se preocupaba poco de lo que ocurría en el este. Fernando pensó que la mejor defensa era un fuerte ataque, y comenzó a recaudar dinero para un ejército implementando un "impuesto turco" (Türken Steuer) en 1523, un impuesto que pagaban todos los hombres, mujeres, niños y niñas hasta los doce años. Pero el estado descentralizado de su reino le dificultaba mucho la recaudación de este impuesto, por lo que tuvo que visitar personalmente las capitales de cada provincia para hacerlo. Desgraciadamente, todos estos esfuerzos fracasaron y no consiguió reunir el dinero de sus reinos. Se vio obligado a recurrir a los préstamos, y su principal fuente fue la rica familia alemana Fugger.

Finalmente, en 1529, Fernando vivió el momento más dramático de su conflicto con los otomanos cuando estos llegaron a sitiar Viena. Solimán envió un ejército de casi 100.000 hombres, y aunque Fernando pidió ayuda a Carlos, se enfrentó solo al poderío de los turcos. La ciudad estuvo a punto de caer, pero el sultán decidió reducir sus pérdidas y retirar el ejército hacia el sur. La cercanía se convirtió en una llamada de atención y, en 1532, Carlos reunió a 100.000 de sus soldados y acudió a ayudar en la batalla de Austria contra los otomanos. Los otomanos lucharon durante dos meses, pero siguieron evitando encontrarse con la mayor parte del ejército de Carlos y, en septiembre de ese mismo año, desistieron de su avance hacia el norte. Viena se vería amenazada mucho más tarde, en 1683. Aunque Fernando no tenía enemigos inmediatos en sus fronteras, intentó retomar Buda en 1541. Fracasó, e incluso perdió las ciudades húngaras de Pécs y Esztergom. En 1547, Fernando estaba tan debilitado que no tuvo más remedio que firmar una tregua con el sultán y pagarle un tributo anual de 30.000 florines. Pero tres años después, reanudó las guerras recuperando Transilvania. Esta vez, Fernando tuvo más éxito y, en 1556, consiguió recuperar algunas ciudades húngaras, como Eger y Szigetvar.

Cuando Carlos V abdicó en 1556, Fernando se convirtió en emperador, pero no fue coronado oficialmente hasta 1558. La Paz de Augsburgo que negoció para su hermano le proporcionó un gran prestigio, aunque Carlos la consideró una derrota. No obstante, el tratado trajo la paz religiosa al imperio, al menos durante las siguientes décadas. Mientras tanto, sin embargo, Austria, Hungría y Bohemia se convirtieron en territorios predominantemente protestantes, con la mayoría de sus príncipes, nobles y ciudadanos optando por el luteranismo o el calvinismo. Solo Croacia permaneció firmemente católica, y junto con algunas de las minorías de Austria y Bohemia, los católicos representaban solo un tercio del total de los ciudadanos. Fernando tuvo que tener mucho cuidado con la obstinación de su familia en practicar el catolicismo, y también tuvo que decidir cómo gobernaría su imperio, como católico o como protestante. Para evitar la toma directa de decisiones, Fernando permitió que la corona imperial perdiera parte de su importancia, ya que aflojó la centralización del imperio. Cada gobernante local tenía derecho a decidir la religión de su territorio; así, Fernando evitó la continuación del conflicto religioso. A diferencia de Carlos, a Fernando le molestaban los conflictos en general, y decidió no continuar con las guerras con Francia que había iniciado su hermano. Pasó sus años como emperador asegurándose de que su hijo, Maximiliano, recibiera la sucesión.

Capítulo 4 - La división religiosa y los años de guerra

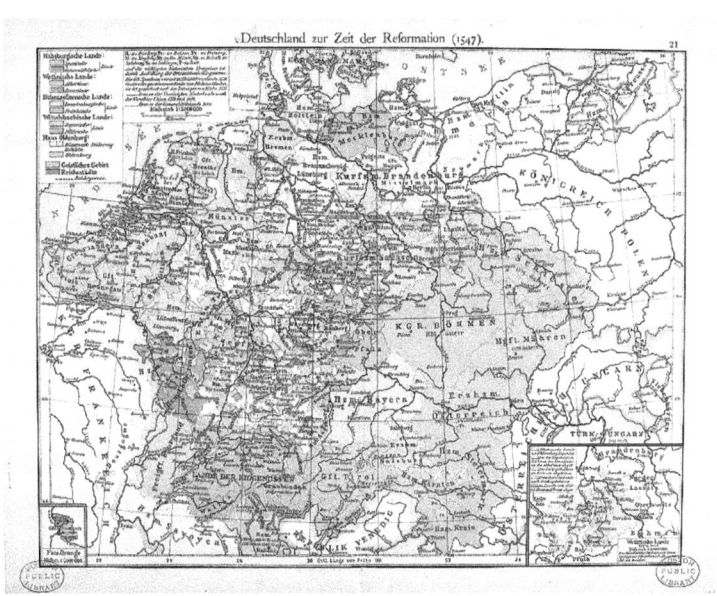

El Sacro Imperio Romano en el siglo XVI
https://en.wikipedia.org/wiki/Holy_Roman_Empire#/media/File:De utschland_im_XVI._Jahrhundert_(Putzger).jpg

En el periodo comprendido entre 1564 y 1619, Europa se vio sacudida por la división religiosa. Esta división comenzó antes, durante el reinado de Carlos V y Fernando I, pero fueron sus sucesores los que tuvieron que ocuparse de restañar las heridas causadas por los desacuerdos religiosos. Maximiliano II, hijo de Fernando I, dijo: «No soy católico ni protestante, soy cristiano». Por muy dispuesto que estuviera, a Maximiliano le resultó una tarea difícil salvar la división entre protestantes y católicos. Al final, la tarea resultó imposible, ya que ningún político de esta época lo consiguió. Los gobernantes de finales del siglo XVI y principios del XVII hicieron todo lo posible por mantenerse neutrales y no tomar partido, pero fueron objeto de constantes críticas por parte de los católicos conservadores y los luteranos extremistas. Si las facciones religiosas tenían algo en común, era el constante rechazo a cualquier tipo de compromiso. Maximiliano II era un rey inteligente y concienzudo, pero no consiguió mantener la paz religiosa en su imperio. Sus hijos, Rodolfo y Matías, resultaron ser gobernantes que lograron muy poco. Rodolfo era una oveja negra en la familia, más interesado en las artes y el ocultismo que en dirigir el país, y su hermano, Matías, no tuvo más remedio que usurpar el trono. Aunque estos tres Habsburgo son interesantes de estudiar como individuos, fracasaron como gobernantes.

Maximiliano II (1527-1576)

El emperador Maximiliano II y su familia
https://en.wikipedia.org/wiki/Maximilian_II,_Holy_Roman_Emper or#/media/File:Giuseppe_Arcimboldi_003.jpg

Maximiliano siempre estuvo abierto a varias interpretaciones en lo que respecta a la religión, y su padre, Fernando I, sospechaba que abandonaría el catolicismo de la familia si se le daba la oportunidad. Por ello, Fernando se preocupó de hacerle sucesor ya en la década de 1550, ya que Maximiliano empezó a expresar sus opiniones contra los jesuitas y el catolicismo del papa. Pero las amenazas de que desheredaría a Maximiliano parecían dar resultado, así que Fernando se contentó con que su hijo nunca se convirtiera oficialmente al protestantismo. En realidad, Maximiliano obtuvo el permiso del papa para comulgar tanto de forma cristiana como protestante. El principal problema de Maximiliano con los protestantes era con los calvinistas y los Hermanos de Bohemia, a quienes consideraba herejes. Simpatizaba más con los luteranos, pero se abstuvo de convertirse para preservar la unidad religiosa de la familia. Asumió los deberes hacia la Iglesia católica una vez que se convirtió en emperador, pero siguió criticando su hostilidad hacia los protestantes. Maximiliano creía firmemente que la división religiosa de Europa nunca podría arreglarse por medio de la espada, y desaprobó en gran medida la masacre francesa del día de San Bartolomé de 1572, en la que fueron asesinados miles de hugonotes (protestantes franceses).

En 1548, Maximiliano se casó con su prima, María de España, hija de Carlos V, como resultado del plan de Carlos de mantener la corona imperial en la familia de los Habsburgo y alternarla entre las ramas española y austriaca. En 1551, Maximiliano había empezado a maquinar contra Felipe II de España para frustrar su sucesión como emperador del Sacro Imperio. Se hizo amigo de los príncipes protestantes y se presentó como defensor de los intereses alemanes. Maximiliano consiguió hacerse con la corona imperial porque Felipe creía firmemente en el catolicismo dogmático, mientras que Maximiliano estaba más dispuesto a hacer concesiones con los protestantes, que eran mayoría en el imperio en aquella época, especialmente en Alemania y el resto de las tierras danubianas. En 1564, Maximiliano recibió la corona imperial tras la muerte de su padre. Una vez convertido en emperador, la actitud de Maximiliano hacia España se suavizó, e incluso envió a sus dos hijos a la corte de su primo, Felipe II, para que recibieran allí una educación. La dualidad religiosa era una realidad en las tierras danubianas, y lo único que mantenía a los Habsburgo apegados al catolicismo era el papel imperial que debían desempeñar como defensores del cristianismo. Sin embargo, en todo el imperio, el catolicismo estaba en declive, excepto en el Tirol. En Bohemia y Hungría, el declive fue tan pronunciado que, en un momento dado, los monasterios comenzaron a vaciarse y los nobles adquirieron fincas eclesiásticas abandonadas. Aun así, el catolicismo se mantuvo, sobre todo porque la familia imperial pertenecía a esa facción religiosa, y ninguno de los príncipes protestantes estuvo nunca cerca de ser lo suficientemente poderoso como para derrocar a los Habsburgo.

Como la mayoría de los gobernantes del siglo XVI, Maximiliano consideraba peligroso el dualismo religioso. Creía que el imperio solo podía permanecer unido si todo el pueblo compartía una misma religión, ya que eso les daría un sentido de comunidad y de bien común. Maximiliano soñaba con volver a unir a sus súbditos y ponerlos bajo una sola religión. Por desgracia, sus sueños se quedaron en eso. La dura realidad de la política le impidió ocuparse activamente de la cuestión de la Reforma y conciliar las diferencias entre católicos y protestantes. Los gobernantes locales se aprovecharon de ello, solicitando el reconocimiento oficial de las libertades religiosas a cambio de apoyo financiero. Hacia 1568, Maximiliano había concedido la libertad religiosa a la mayoría de los habitantes de los territorios de Austria y Bohemia, que se convirtieron al protestantismo, pero eso no significa que Maximiliano ignorara por completo a los católicos. También les hizo concesiones. Por ejemplo, prometió al arzobispo de Olomouc que podría perseguir libremente a los protestantes en su territorio de Moravia. Finalmente, durante la década de 1570, Maximiliano se dio cuenta de que no podía esperar reparar las desavenencias religiosas, y se concentró en mantener su imperio en paz.

Pero en 1574, Maximiliano renunció a mantener la paz. Consideró que la tarea era imposible y admitió su fracaso. Su propio primo, Felipe II de España, comenzó a reclutar hombres en suelo alemán para luchar contra los rebeldes en los Países Bajos.

Felipe afirmaba que no había disturbios religiosos en los Países Bajos, pero su catolicismo extremo había creado una revuelta entre las sectas religiosas que lograron penetrar en el territorio. Al principio, Maximiliano estaba en contra de que Felipe utilizara las armas para luchar en la guerra religiosa porque sabía que el rey español profundizaría los problemas internos del imperio haciendo que los alemanes lucharan contra otros alemanes. Pero luego empezó a preocuparse de que la revuelta religiosa holandesa creciera hasta convertirse en una revuelta contra la monarquía. Maximiliano cambió de opinión y empezó a apoyar el reclutamiento de Felipe en Alemania, lo que solo hizo que los príncipes protestantes alemanes se volvieran contra Maximiliano. Derrotado, el emperador renunció por completo a gobernar el imperio. Estaba viejo, enfermo y dominado. Su último acto fue en 1575, cuando consiguió el título de rey de los romanos para su hijo Rodolfo, para que pudiera ser el heredero oficial del imperio. Al año siguiente, Maximiliano se encontraba en su lecho de muerte, donde rechazó la extremaunción católica. Murió como vivió, ni como católico ni como protestante. La tragedia de Maximiliano fue que se encontró entre sectas religiosas enfrentadas cuando todo el mundo en su reino esperaba que eligiera un bando u otro.

Rodolfo II (1552-1612) y Matías (1557-1619)

*El emperador Rodolfo II se reúne con su hermano,
el archiduque Matías (1608)*

*https://en.wikipedia.org/wiki/Ferdinand_II,_Holy_Roman_Empero
r#/media/File:II._Rodolfo_II._M%C3%A1ty%C3%A1s_1608.jpg*

Las actitudes religiosas de Rodolfo eran similares a las de su padre, aunque se podría decir que se comprometió con el catolicismo más de lo que lo hizo Maximiliano. Sin embargo, Rodolfo también rechazó la extremaunción. Odiaba el papado y el catolicismo conservador de sus parientes españoles, pero tampoco quería a las distintas sectas protestantes, que reclamaban derechos políticos. Por ello, Rodolfo decidió evitar inmiscuirse en el conflicto religioso que asolaba Europa en ese momento. Temía que si intentaba resolver activamente el conflicto, socavaría su poder e integridad, haciendo que el imperio fuera más vulnerable a los ataques turcos. A Rodolfo le molestaba la idea del conflicto, pero esperaba lograr algún tipo de compromiso que apaciguara tanto a católicos como a protestantes. Quería un reino unido en la fe, pues solo así el imperio podría ser fuerte para resistir las amenazas exteriores. Sin embargo, Rodolfo no tenía un plan concreto sobre cómo tratar el pluralismo religioso. Intentó mantener la paz con el ejemplo, reuniendo a católicos, luteranos, calvinistas y otros miembros de diferentes sectas para que sirvieran en su corte. Al final, Rodolfo no tomó ninguna medida para resolver el conflicto y se limitó a dejar que los acontecimientos se desarrollaran por sí solos.

Durante el año 1600, el conflicto religioso se hizo más intenso, tanto en Alemania como en las regiones del Danubio. Una generación más joven de príncipes tomó el relevo y se mostró más dispuesta a luchar que a discutir un compromiso. Esta disposición a la lucha llevó a la formación de la Unión Evangélica, formada por nueve príncipes protestantes y diecisiete ciudades imperiales. En respuesta, la Liga Católica fue formada por los veinte príncipes católicos, bajo el liderazgo de Baviera. Durante estos acontecimientos, Rodolfo permaneció pasivo, ya que no quería ser asociado con ninguno de los dos bandos. Desde España, Felipe II alentó a los católicos, que se volvieron más militantes e intentaron recuperar las tierras de la Iglesia confiscadas anteriormente por los protestantes. También persiguieron con más ahínco a los protestantes como herejes y se negaron a tolerar ninguna de las sectas cristianas. Pero el mayor apoyo a la causa católica procedía del interior de Austria, concretamente del hermano de Rodolfo, Ernesto, y de sus primos, Carlos de Austria Interior y Fernando del Tirol. La inactividad de Rodolfo en el frente religioso pronto daría lugar a un conflicto familiar que promulgaría una mayor división.

Hasta la década de 1600, Rodolfo fue un emperador implicado que gobernaba sus tierras personalmente. Era inteligente y culto, aunque tímido. Sus contemporáneos alababan su sabiduría, pero Rodolfo demostró ser un hombre problemático. Aunque la historia no puede afirmar con certeza que fuera un enfermo mental, mostraba todos los signos de la depresión clínica e incluso de la esquizofrenia. Después del año 1600, sus características oscuras se hicieron más prominentes al ser víctima de sus problemas psicológicos. Se desvinculó de la regla y se negó a ver a sus consejeros. Sin embargo, se consideraba una gran autoridad. La inestabilidad psicológica de Rodolfo creó un vacío de liderazgo, y su hermano menor Matías tomó el relevo, con Melchior Klesl a su lado como consejero personal. Klesl era el obispo de Viena y consejero de Rodolfo. Dedicó su vida a la Contrarreforma, así como a la conversión de los protestantes. Una vez que la fuerza política de Rodolfo empezó a decaer, recurrió a Matías, que mostraba todos los signos de una gran ambición, pero también una falta de destreza política. Matías comenzó a inmiscuirse en la política imperial en 1577, rompiendo la etiqueta dinástica y aceptando la invitación de algunos nobles para mediar en su conflicto. Sin embargo, Matías no tardó en demostrar su inutilidad y fue apartado en 1579. Una vez que Rodolfo empezó a ignorar sus obligaciones imperiales, Matías se convirtió en el centro de los intentos de la dinastía por salvar su reino. Cuando el mediano de los tres hermanos, Ernesto, murió en 1595, Rodolfo nombró a Matías su heredero en la Alta y Baja Austria. Bajo la influencia de Melchior Klesl, presionó a Rodolfo para que le hiciera también heredero imperial, ya que carecía de hijos varones. Pero antes, Matías tuvo que convencer a su hermano menor, Maximiliano, y a su primo, Fernando de Estiria, para que le eligieran como jefe de la casa, lo que consiguió en 1606.

Rodolfo lo consideró una traición personal, y convirtió la ruptura familiar en un conflicto armado. En 1608, Matías convenció a los nobles austriacos, húngaros y moravos para que le apoyaran y, a cambio, les prometió considerables libertades religiosas. Ese año fue coronado como rey de Hungría, obligando a Rodolfo a ceder también el gobierno de Austria y Moravia. Para conseguir el apoyo de Bohemia, Lusacia y Silesia, Rodolfo tuvo que emitir una Carta de Majestad en 1609, por la que concedía tolerancia religiosa tanto a los católicos como a los protestantes de estos territorios. El conflicto continuó, pero cuando Rodolfo se mostró incapaz de pagar a su ejército, este saqueó Bohemia. Como resultado, en 1611, Bohemia depuso a Rodolfo como su gobernante. Matías marchó a Praga con su ejército, donde encontró a Rodolfo y lo encarceló. Matías se convirtió en el rey de Bohemia, es decir, solo le faltaba la corona imperial. Sin embargo, los títulos imperiales permanecieron en manos de Rodolfo hasta su muerte en 1612. Matías fue entonces elegido emperador sin ninguna disputa, pero no hizo nada durante su reinado para mejorar la situación en la que se encontraba la dinastía de los Habsburgo.

Tras adquirir la corona imperial, Matías demostró ser un gobernante aletargado, al igual que su hermano mayor. Sus ambiciones se acabaron una vez que fue coronado, y no mostró ningún interés en gobernar realmente el imperio. Matías fue fuertemente criticado por sus contemporáneos y completamente olvidado por la historia. El único que se benefició de su gobierno pasivo fue su consejero, Melchor Klesl, que asumió la jefatura del consejo privado. Se le llegó a llamar burlonamente "vice emperador" porque gobernaba esencialmente desde la sombra. Bajo su influencia, Matías devolvió la capital a Viena desde Praga y prohibió la construcción de iglesias protestantes. Incluso censuró las publicaciones protestantes y les prohibió el derecho de reunión, pero estas decisiones no aumentaron el poder de los católicos, sino que agudizaron el conflicto religioso dentro del imperio.

Matías tampoco proporcionó al imperio un heredero, al igual que su hermano Rodolfo. Esto trajo incertidumbre a Europa y relaciones tensas entre los príncipes alemanes, que se dieron cuenta de que pronto tendrían que elegir un nuevo gobernante. Pero esta vez no era tan sencillo como elegir al gobernante que mejor aportara estabilidad y protección frente a las amenazas exteriores. El verdadero problema era elegir entre un gobernante católico o uno protestante. Los principales contendientes eran Federico V, el

Elector Palatino, que era calvinista, y Felipe II de España, un Habsburgo que reclamaba el derecho a la corona imperial por sus vínculos familiares. Los príncipes alemanes no querían a un calvinista ni a un español como gobernante, por lo que apoyaron incondicionalmente a otro Habsburgo, Fernando de Estiria.

Fernando II (1578-1637)

Fernando II y su segunda esposa, Eleonora
https://en.wikipedia.org/wiki/Ferdinand_II,_Holy_Roman_Emperor#/media/File:FerdinandII.Eleonora.JPG

A diferencia de sus predecesores, Rodolfo y Matías, Fernando II era muy católico y odiaba fanáticamente a los protestantes. Inició la rama de los Habsburgo conocida por su pomposa piedad católica, que definiría la dinastía. Fernando tenía ya cuarenta y un años cuando llegó al trono, pero era muy trabajador y muy querido por el pueblo. Desgraciadamente, no era un político, y su gobierno no consiguió ningún avance para el imperio. Como católico increíblemente piadoso, pasaba varias horas al día rezando, y se alejaba de las mujeres y de cualquier tentación, aunque se casó dos veces. Fernando tenía unas convicciones morales muy fuertes, lo que influyó en su opinión sobre la doctrina católica, que, a su vez, influyó en su gobierno. Fernando creía que la defensa de la Iglesia católica era la misión de su dinastía en la tierra, y se negaba a considerar las implicaciones más amplias. En lugar de gobernar de forma pragmática, se inclinó por el dogma y acabó siendo un mal líder. La actitud de Fernando hacia los protestantes se debe en gran medida a la influencia de su madre. Cuando gobernaba las tierras patrimoniales de Estiria antes de convertirse en candidato imperial, su madre le empujó a perseguir a los protestantes. En 1600, expulsó a muchos protestantes del interior de Austria, intentando que la región fuera puramente católica. Consideró la Contrarreforma como la luz que guiaba su política, y bajo su mandato comenzó la intensa conversión de los protestantes.

Una vez que Fernando se convirtió en emperador en 1619, amplió la persecución de los protestantes desde su Estiria natal hasta las tierras danubianas y Moravia. En 1620, comenzó a quemar libros y a reclutar a los jesuitas para convertir a los nobles protestantes de Austria, Bohemia y Hungría. Sin embargo, los nobles de Hungría resultaron ser demasiado fuertes para él y, por tanto, consiguieron conservar algunas libertades religiosas. Pero siempre que pudo, Fernando abrió escuelas e iglesias católicas para promover la doctrina en la que creía. Pronto, la Iglesia católica tuvo el monopolio de la educación, y con la rigurosa censura de los libros, la Iglesia contribuyó en gran medida al aislamiento intelectual de la Austria de los Habsburgo del resto de Europa. La unidad religiosa seguía considerándose esencial para un estado ordenado, por lo que Fernando se limitó a seguir las tendencias de su tiempo. Nunca fue completamente despótico, ya que permitió que algunos de los nobles austriacos siguieran practicando el protestantismo, ya que le dieron su apoyo en las elecciones.

La división religiosa siguió las tendencias geopolíticas, ya que se formaron dos grandes grupos opuestos: los católicos pro Habsburgo y los protestantes anti Habsburgo. Sin embargo, las facciones siguieron siendo fluidas hasta cierto punto, y algunos protestantes permanecieron leales al emperador. Las débiles reglas de los predecesores de Fernando habían distanciado al emperador de sus príncipes, por lo que Fernando tenía muy poca autoridad sobre ellos. El principal temor de los anti Habsburgo era que la familia (tanto la rama austriaca como la española) acaparara demasiado poder. Por ello, a menudo conspiraban con los franceses y más tarde con los suecos, intentando equilibrar las potencias europeas. Todas estas divisiones, tanto en el seno de la familia como en lo que respecta a la religión, dieron lugar a la guerra de los Treinta Años, que recorrió Europa durante los reinados de Fernando II y su hijo, Fernando III. El conflicto comenzó en las tierras de los Habsburgo, y siguió centrado en la familia y su posición en Europa. Aunque estaba dividida, la familia mostró una tendencia a colaborar estrechamente durante la guerra. Por ejemplo, Felipe IV de España envió continuamente tropas para ayudar a sus parientes austriacos a luchar en Alemania y Bohemia. Austria y Hungría vieron muy pocos combates, pero eso no significa que la guerra no les afectara. Austria, como corazón de los Habsburgo, fue la que más sufrió económicamente. El hambre y la pobreza provocaron brotes de enfermedades que diezmaron aún más a la población. En general, la guerra de los Treinta Años puede dividirse en cuatro fases diferentes: el inicio del conflicto en Bohemia y el Palatinado de 1618 a 1625, la participación danesa de 1625 a 1629, la invasión sueca de 1630 a 1635 y el enfrentamiento de los Habsburgo y los franceses de 1635 a 1648.

La guerra comenzó durante el último año del reinado de Matías, cuando la división religiosa en Bohemia había alcanzado su punto de ebullición. Para entonces, Fernando ya había sido coronado como rey de Bohemia, y prometió que respetaría las libertades religiosas prometidas a los protestantes en la Carta de Majestad de Rodolfo. Pero empezó a socavar el derecho de los protestantes a construir iglesias y a celebrar asambleas, lo que provocó la ira de la mayoría de la población de Bohemia. El 23 de mayo de 1618, un grupo de nobles protestantes irrumpió en las oficinas del gobierno y arrojó a los funcionarios del rey —dos católicos llamados Martinic y Slavata— por la ventana. Este hecho es conocido en la historia como la famosa defenestración de Praga (lanzamiento por la ventana). Este incidente fue el detonante de la revuelta bohemia, que pronto se convertiría en la guerra de los Treinta Años. La defenestración no era infrecuente en la época, ya que se tomaba como una señal de protesta seria. Tiene los elementos del linchamiento y a menudo es realizada por una turba, ya sean plebeyos o nobles.

Fernando se negó a creer que solo Bohemia se rebelara contra su autoridad, y trató de culpar al Palatinado, que seguía siendo calvinista. Como para darle la razón, los nobles le negaron la corona de Bohemia y, en su lugar, eligieron a Federico V del Palatinado. Recibió el apoyo de algunos de los señores austriacos, así como el del príncipe de Transilvania, Gabriel Bethlen, que intentó aprovechar la situación para hacerse con la Hungría de los Habsburgo. Los nobles de Bohemia reunieron un ejército, que condujeron a Viena, donde esperaban encontrar el apoyo militar de Transilvania. Pero Fernando se negó a reconocer el peligro que corría, ya que creía que Dios le protegería. En lugar de defenderse, optó por la oración. Sin embargo, su salvación llegó en forma de una alianza muy terrenal que hizo con Maximiliano de Baviera, Felipe III de España y Juan Jorge, el elector de Sajonia. Este último era protestante, pero consideraba a Federico un usurpador, por lo que se opuso a su coronación. Federico permaneció en Viena mientras sus aliados dirigían la guerra para preservar su autoridad y sus prerrogativas como emperador del Sacro Imperio.

Aparte de los protestantes, Federico no tenía mucho apoyo. Inglaterra y Francia no querían inmiscuirse en el conflicto interno del Sacro Imperio Romano Germánico, y sobre todo no querían que se les asociara con el usurpador del trono. Incluso los protestantes eran reacios a enfrentarse abiertamente al emperador, y Federico no contaba con el pleno apoyo de la Unión Evangélica de Protestantes. Al final, cuando estaba a punto de producirse el enfrentamiento definitivo entre Federico y Fernando, los rebeldes solo consiguieron reunir un pequeño ejército sin entrenamiento. En noviembre de 1620, en Praga, tuvo lugar la decisiva batalla de la Montaña Blanca, que duró solo una hora. Federico y su ejército de aficionados se vieron rápidamente obligados a huir. Así, Federico pasó a ser conocido como el "Rey de Invierno" en Bohemia, porque su gobierno duró solo un invierno. Tras la victoria, Fernando se dedicó a cazar a los líderes rebeldes para acabar de una vez por todas con la revuelta contra su autoridad. La tarea terminó el 27 de junio de 1621, cuando los cuerpos de los líderes rebeldes fueron dejados colgando del puente de Carlos en Praga como advertencia.

Bohemia volvía al redil del imperio, pero la reintegración completa tardó varios años, ya que seguían produciéndose levantamientos esporádicos contra la autoridad imperial. Pero una vez completada la reintegración, el dominio imperial sobre Bohemia fue mayor que nunca. El protestantismo fue completamente proscrito y los que se negaron a convertirse al catolicismo fueron exiliados. Unas 200.000 personas abandonaron Bohemia en las siguientes décadas. La Carta de Majestad de Rodolfo fue rota por Fernando, y el emperador confiscó los bienes de los nobles protestantes para adjudicárselos a los católicos leales. En 1627, Fernando dio una nueva constitución al reino de Bohemia, conocida como *Verneuerte Landesordnung*. Con esta constitución, los Habsburgo se convirtieron en gobernantes hereditarios de Bohemia, y tenían total autoridad sobre los funcionarios del país. También trasladó la oficina principal del gobierno de Bohemia de Praga a Viena. Los estamentos de las familias nobles conservaron cierta autoridad sobre la recaudación de los impuestos, pero sus libertades administrativas se redujeron considerablemente. Con el tiempo y debido a esta nueva constitución, Bohemia se convirtió en el reino hereditario de los

Habsburgo, y se convirtió en Habsburgo hasta el punto de fusionarse con el patrimonio austriaco.

La batalla de la Montaña Blanca llenó de confianza a Fernando II, que emprendió el camino de exterminar a otros grupos de resistencia en todo el imperio. En este punto, parecía que Fernando se convertiría en el emperador más poderoso de la dinastía de los Habsburgo, pero su control de Bohemia alarmó a los estados cercanos, que intervinieron. Suecia fue la primera en inmiscuirse y llevar el conflicto a su siguiente fase, derribando también a Fernando de la cima de su poder. En 1623, el ejército imperial ocupaba el Palatinado para apresar a Federico V, que seguía rechazando el señorío de Fernando. Pero el ejército imperial estaba dividido, ya que Fernando tuvo que enviar a varios soldados para ayudar a su primo, Felipe IV, contra los rebeldes holandeses. Maximiliano de Baviera ayudó mucho en la ocupación del Palatinado y, como recompensa, Fernando le concedió el gobierno de este territorio. Maximiliano fue resentido en el Palatinado, ya que su toma de posesión no fue vista más que como una violación de las leyes imperiales. Los demás príncipes del imperio se alarmaron por la facilidad con la que Fernando los sustituyó por aquellos que le eran leales.

El rey Cristián IV de Dinamarca, alentado por Inglaterra y Francia, se puso en marcha para proteger el protestantismo e invadió Sajonia y Westfalia en 1625. Esto significó que Fernando tuvo que luchar al mismo tiempo en el oeste y en el norte de Alemania. Pero sus territorios orientales tampoco estaban a salvo porque Gabriel Bethlen de Transilvania suponía una seria amenaza para la Hungría de los Habsburgo. Para montar una defensa en los tres frentes, Fernando necesitaba un ejército más grande. Se dirigió a Alberto von Wallenstein, un noble y caudillo de Bohemia, que en varias ocasiones utilizó su ejército para salvar la monarquía de Fernando. Por ello, el emperador estaba muy agradecido, pero también temía a su nuevo aliado. Wallenstein era un individuo poderoso, y sus contemporáneos lo describían a menudo como un verdadero gobernante en todo menos en el título. En 1625, Wallenstein y el general Tilly, vencedor de la batalla de la Montaña Blanca, unieron sus fuerzas y derrotaron al rey danés. En 1628, Fernando nombró al aristócrata bohemio "General de los Océanos y el Báltico" porque Wallenstein empujó sus fuerzas hasta el norte de Alemania.

En 1629, Fernando cometió lo que se considera el mayor error de su gobierno. Anunció el Edicto de Restitución sin consultar al consejo imperial, a los príncipes electores, ni siquiera a sus propios consejeros. Esto le acarreó toda una serie de nuevos enemigos, ya que el edicto declaraba la reversión de unas 500 abadías secularizadas, dos arzobispados y dos obispados a propiedades católicas pertenecientes a la Iglesia católica. Estas propiedades habían sido apropiadas por los príncipes alemanes protestantes gradualmente desde 1552 porque fueron abandonadas cuando el catolicismo perdió su popularidad. Los príncipes protestantes que se apoderaron de estas tierras se vieron repentinamente amenazados, ya que podían perder sus fuentes de ingresos, pero los príncipes católicos también se enemistaron porque pensaban que el emperador se extralimitaba en su autoridad. Además del malestar que se estaba produciendo en Alemania a causa del Edicto de Restitución, la presencia de los Habsburgo en el Báltico amenazaba la integridad de Suecia, y en 1630, el rey Gustavo Adolfo de Suecia invadió Alemania.

Ese año, todos los logros alcanzados por Fernando le fueron arrebatados. Incluso algunos de sus aliados alemanes le abandonaron, aliándose en cambio con los suecos y la coalición protestante. La mayor derrota de los católicos se produjo en septiembre de 1631 en la batalla de Breitenfeld. El ejército sajón invadió Bohemia, mientras que los suecos se apoderaron de Renania. En 1632, durante otro enfrentamiento con los suecos, el general Tilly sufrió otra derrota para el imperio, y fue asesinado.

Gustavo Adolfo pasó a apoderarse de Baviera y llegó a amenazar a Viena con la proximidad de su ejército. Para entonces, Fernando se había deshecho de Wallenstein, ya que creía que el viejo caudillo bohemio estaba planeando un golpe de estado, pero ahora lo necesitaba, así que lo volvió a llamar. Wallenstein movilizó rápidamente un ejército y expulsó a los sajones de Bohemia. En noviembre de 1632, en la batalla de Lützen, se enfrentó a los suecos, pero sufrió una derrota. Sin embargo, Gustavo Adolfo murió en la batalla, y aunque la participación sueca en Alemania continuó, carecía de la fuerza de un líder con una sola mentalidad. Durante este periodo, Wallenstein se hizo demasiado poderoso. Fernando llegó a oír rumores de que conspiraba con los franceses y los protestantes. Fernando se dio cuenta de que tenía que eliminar al viejo caudillo, ya que era una amenaza para el trono de Bohemia, y lo hizo asesinar en febrero de 1634.

Fernando nombró a su hijo, Fernando III, como general supremo que dirigiría el ejército de los Habsburgo en la siguiente batalla decisiva. En septiembre de 1634 tuvo lugar la batalla de Nördlingen, que Fernando III consiguió ganar porque su primo español, Felipe IV, envió su ejército en su ayuda. Los príncipes protestantes se vieron obligados a negociar la paz y, en 1635, Fernando II firmó la Paz de Praga. Pero el emperador llegó a un compromiso con los protestantes, y se retractó de su Edicto de Restitución para asegurar la paz. Esto no fue suficiente, y las luchas continuaron porque los suecos no estaban satisfechos. Amenazada por la victoria de los Habsburgo, Francia también declaró la guerra al imperio. Desgraciadamente, a Fernando II no le quedaba mucho tiempo de vida, y se centró en preparar el imperio para la sucesión de su hijo. En 1637, antes de su muerte, Fernando II hizo elegir a Fernando III como rey de los romanos, asegurando así el título de emperador del Sacro Imperio para la dinastía de los Habsburgo.

Fernando III (1608-1657)

El emperador Fernando III ratifica la Paz de Westfalia
https://upload.wikimedia.org/wikipedia/commons/8/8a/Westfaelischer_Friede_in_Muenster_%28Gerard_Terborch_1648%29.jpg

Cuando se comparan los gobiernos de Fernando III y de su padre, parece que el hijo consiguió muy poco, salvo la conclusión de la guerra de los Treinta Años. Como gobernante, Fernando III no era realmente interesante, pero como hombre era una persona muy enigmática. Su política fue poco destacable porque tendió a seguir las tendencias marcadas por su padre, incluida la continuación de la Contrarreforma en todos sus reinos. Fernando III consiguió no estar en el centro de los acontecimientos que marcaron su reinado, como la amenaza militar sueca y la estrecha alianza con Felipe IV de España. Era como si el emperador fuera un espectador que apenas influía en los acontecimientos que sucedían a su alrededor. Pero como personalidad, Fernando destaca incluso hoy en día. Era profundamente piadoso, pero racional y pragmático. No permitía que los dogmas del cristianismo le nublaran la vista, y mostraba una gran curiosidad por las ciencias, las artes y la guerra militar. Realizó sus propios experimentos de química, compuso música y mostró una excelente competencia en el mando militar estratégico.

Fernando III quería la paz, y tan pronto como fue coronado como emperador, lanzó un esfuerzo para lograr una conclusión pacífica de la guerra de los Treinta Años. Sin embargo, la paz se fue retrasando, ya que el emperador quería obtener la ventaja en el campo de batalla para firmar una paz que aportara ganancias a Austria. Los ejércitos de Fernando ganaron algunas de las batallas contra los suecos en 1636 y 1637, pero el enemigo cerró filas porque Francia les concedió subsidios aún mayores para no buscar un tratado de paz por separado. En 1639, los suecos lanzaron un ataque y tomaron grandes partes de Bohemia. Las perspectivas de Fernando se deterioraron rápidamente, y en 1640, incluso perdió los subsidios españoles porque Felipe IV tenía problemas en Cataluña y Portugal. En los años siguientes, Silesia y Moravia fueron ocupadas, y los suecos supusieron una seria amenaza para Viena.

En el este, Fernando también tuvo que hacer frente a los ataques. Suecia se alió con un príncipe de Transilvania, que invadió los dominios de los Habsburgo en 1643. Fernando consiguió apaciguar la situación concediendo libertades religiosas a estos territorios, pero fue demasiado tarde, pues Austria ya se precipitaba por un tobogán catastrófico. En 1645, las fuerzas combinadas de Fernando y su aliado bávaro, Maximiliano, perdieron la batalla contra Suecia en Bohemia. Baviera no tuvo más remedio que firmar una paz por separado. En 1648, el ejército sueco saqueó Praga, humillando completamente a Fernando. El emperador no tuvo más remedio que abandonar a su primo español y pedir una paz por separado.

La Paz de Westfalia se produjo a través de una serie de negociaciones que habían tenido lugar esporádicamente desde 1644. Se llamó así porque tuvo lugar en las ciudades de Westfalia de Münster y Osnabrück. En la era moderna, esta paz fue el primer gran congreso internacional, y en él participaron España, Francia, Suecia, el Sacro Imperio Romano Germánico y algunos príncipes alemanes a título individual. Durante las negociaciones, Fernando no se privó de tomar decisiones difíciles. Probablemente la más difícil fue romper la alianza con España para que el imperio pudiera permanecer neutral durante el conflicto con Francia. Pero Fernando sabía que esto perjudicaría a la dinastía, y esperaba poder reparar la herida lo antes posible. La Paz de Westfalia entregó gran parte de la región de Alsacia a Francia, lo que supuso un duro golpe para la dinastía, ya que en ella se encontraban algunos de sus patrimonios más antiguos. Fernando también tuvo que deshacer el Edicto de Restitución de su padre, y tuvo que aumentar los poderes de los príncipes dentro del imperio. Suecia, Baviera y Brandeburgo ganaron territorio con la conclusión de la paz.

Para Austria, la Paz de Westfalia tuvo resultados muy dispares. Los poderes de los Habsburgo se redujeron, aunque la familia conservó algunas prerrogativas como emperadores hereditarios. Podían nombrar a los obispos, aunque su papel era más bien simbólico. La corte familiar de Viena seguía siendo la más prestigiosa del imperio y, con el emperador a la cabeza, actuaba como lugar de muchos actos diplomáticos. El sueño de los Habsburgo de restaurar el catolicismo en todo el Sacro Imperio Romano Germánico terminó, ya que los príncipes individuales adquirieron más poder. Se produjo una importante descentralización del Estado y los Habsburgo empezaron a concentrarse en reforzar su dominio en Austria, Bohemia y Hungría. En general, la dinastía empezó a prestar menos atención al imperio a partir de este momento, ya que su papel se redujo a uno simbólico. Muchos de los futuros emperadores seguirían trabajando en favor de los intereses austriacos en lugar de los del imperio, ya que las tierras hereditarias de los Habsburgo conservaban su base de poder. Las últimas décadas del gobierno de Fernando III estuvieron marcadas por los esfuerzos para recuperarse de las consecuencias de la guerra de los Treinta Años. Bohemia sufrió una gran destrucción durante la guerra y cientos de miles de personas perdieron la vida. La administración de Fernando inició la reconstrucción de Praga y la repoblación de las zonas abandonadas.

Fernando III murió en abril de 1657 a la edad de cuarenta y ocho años. Sufrió gota durante toda su vida, y su cuerpo se había debilitado por las numerosas campañas militares que emprendió personalmente. La Paz de Westfalia fue su principal contribución al Sacro Imperio Romano y a la dinastía de los Habsburgo.

Capítulo 5 - La dinastía y la guerra de sucesión española

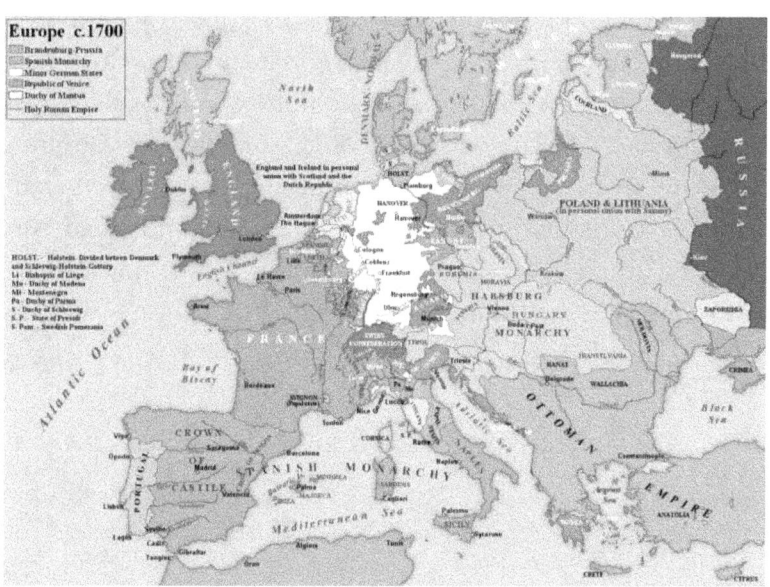

Europa al inicio de la guerra de sucesión española
https://en.wikipedia.org/wiki/War_of_the_Spanish_Succession#/media/File:Europe_c._1700.png

A finales del siglo XVII, los acontecimientos en el frente austro-turco dieron un giro diferente. El emperador Leopoldo I firmó un tratado con los otomanos y puso fin al conflicto que había asolado las regiones orientales del Imperio de los Habsburgo. Con la paz, la dinastía de los Habsburgo pudo alcanzar todo su potencial y comenzaron los días de gloria. Pero en realidad, la dinastía había estado en constante ascenso desde sus inicios. El único cambio que se produjo con el tratado de paz fue que el Sacro Imperio Romano Germánico y los Habsburgo pasaron a ser los que podían garantizar el equilibrio de poder de Europa. Hasta ese momento de la historia, los gobernantes de Inglaterra, Francia y otros reinos europeos solo los habían visto como una amenaza.

Sin embargo, la paz también trajo consigo el estancamiento de la dinastía. Después de Leopoldo I, sus hijos reinaron durante cortos periodos de tiempo. A menudo se peleaban, y José I y Carlos VI no consiguieron grandes logros. Estaban más preocupados por los derechos de sucesión de la familia que por los asuntos del imperio, y la historia los recuerda solo como calentadores de tronos. Iniciaron reformas, pero no tuvieron la energía ni la voluntad de terminarlas, e intentaron influir en el resultado de la guerra de sucesión española, pero sus acciones fueron vacías, por lo que sus reinados quedaron más o menos anodinos.

Leopoldo I (1640-1705)

El emperador Leopoldo I en 1667
https://en.wikipedia.org/wiki/Leopoldo_I,_Holy_Roman_Emperor
#/media/File:Jan_Thomas_-_Leopoldo_I_as_Acis
_in_the_play_%22La_Galatea%22.jpg

Leopoldo era el segundo hijo de Fernando III y María Ana de España, que era la primera esposa de Fernando y prima hermana. Su hermano mayor, Fernando IV, murió en 1653, por lo que Leopoldo se convirtió en el heredero. Los contemporáneos describen a Leopoldo como el Habsburgo más feo que jamás haya gobernado, y los historiadores modernos piensan que la causa de sus intrigantes atributos físicos reside en el hecho de que sus padres eran primos cercanos. Como segundo hijo, Leopoldo recibió una educación apta para la carrera eclesiástica, y durante su reinado siguió siendo un estadista reacio, prefiriendo la compañía de los libros. Como tantos Habsburgo, Leopoldo era extremadamente piadoso, hasta el punto de que incluso los diplomáticos papales criticaban sus constantes visitas a iglesias y monasterios. Rezaba varias veces al día, lo que le dejaba poco tiempo para dedicarse al gobierno del imperio. No ayudaba que Leopoldo fuera una persona muy tímida, lo que, a su vez, le convertía en un líder pasivo. A medida que envejecía, su reinado se volvió aún más pasivo, ya que era incapaz de tomar decisiones. Leopoldo nunca fue un visionario ni un líder inspirador, pero se las arregló para sacar lo mejor que pudo de los acontecimientos que ocurrieron durante su reinado.

Leopoldo I nunca estuvo destinado a ocupar el trono, por lo que su padre no consiguió asegurar su sucesión antes de morir. Esto significa que le tocó a Leopoldo y a sus consejeros tratar con los electores alemanes e intentar convencerles de que le hicieran emperador. No estaba en una buena posición, ya que su primo español, Felipe IV, no tenía heredero varón, lo que significaba que Leopoldo podría convertirse en el sucesor de las posesiones españolas. Si Leopoldo conseguía ambos tronos, habría supuesto una amenaza para el equilibrio de poder europeo. Los electores alemanes le dijeron a Leopoldo que si se convertía en emperador, no podía casarse con la hija de Felipe IV, María Teresa, como había planeado. Finalmente, esta se convirtió en la esposa del rey Luis XIV de Francia. Leopoldo también tuvo que prometer que se mantendría neutral en el conflicto entre España y Francia. Leopoldo se convirtió en emperador en 1658, y solo dos años después, estaba en guerra. Sin embargo, Leopoldo mantuvo su promesa de permanecer neutral en el conflicto franco-español. Se puso del lado de Dinamarca y Brandeburgo contra Suecia en la guerra por los territorios polacos, pero esta guerra terminó con un estancamiento en 1660. Para Leopoldo fue una absoluta pérdida de tiempo.

Después de la guerra de los Treinta Años y de la Paz de Westfalia, los príncipes alemanes seguían guardando cierto resentimiento hacia la autoridad del emperador, restándole importancia en el gobierno del imperio. Leopoldo tenía algunos poderes judiciales y desempeñaba un papel importante en la política exterior, pero era sobre todo una figura simbólica. No tenía poderes ejecutivos dentro de Alemania, pero era capaz de influir en los príncipes y políticos, y utilizó esta capacidad de persuasión para reconstruir la reputación de los Habsburgo. Leopoldo estableció alianzas efectivas con los príncipes alemanes y con las figuras administrativas. Incluso consiguió ganarse la lealtad de los príncipes católicos nombrando obispos en las iglesias que estaban bajo su autoridad. Pero el acontecimiento más importante que influyó en la opinión de Alemania sobre la dinastía de los Habsburgo fue la toma del Ducado de Lorena por los franceses en 1670. Anteriormente, los príncipes alemanes solían aliarse con los gobernantes franceses para asegurarse la protección de sus propios emperadores. Pero ahora, durante el reinado de Leopoldo I, se hizo evidente que Francia era más una amenaza que una ayuda. El rey Luis XIV llevaba una política expansionista, y Leopoldo I decidió adoptar una postura firme contra él. Esto llevó a los príncipes alemanes a devolver su lealtad al emperador de los Habsburgo e incluso a apoyarle abiertamente y a crear un sentimiento de patriotismo. Sin embargo, este patriotismo se produjo no solo por Francia, sino también por los otomanos. Así, el imperio aceptó financiar los esfuerzos en su frente turco.

Cuando Francia atacó el imperio apoderándose de Lorena, Leopoldo no pudo actuar porque estaba ocupándose de la rebelión en Hungría. Pero cuando Luis XIV atacó los Países Bajos en 1672, Leopoldo no pudo permanecer neutral. Se unió a los protestantes holandeses para defender los Países Bajos españoles y, sorprendentemente, los príncipes alemanes le apoyaron. Sin embargo, los esfuerzos fueron infructuosos, y Leopoldo llegó a perder el control de Friburgo, en el suroeste de Alemania. En 1683, Luis volvió a invadir los Países Bajos. En ese momento, el imperio de Leopoldo se veía amenazado en el frente oriental por los turcos, por lo que tuvo que firmar rápidamente la paz con los franceses. Para entonces, los Habsburgo españoles habían perdido Luxemburgo a manos de Luis, lo que disgustó a muchos de los príncipes alemanes. Por suerte, Luis tenía sentido de la solidaridad cristiana y se negó a atacar a Alemania mientras Viena estaba bajo el asedio otomano ese mismo año.

Leopoldo aprovechó la paz con Luis y pactó con Guillermo III de Orange (que se convertiría en rey de Inglaterra en 1688), ya que ambos compartían el interés por contrarrestar a Francia. Así, Leopoldo se aseguró el apoyo de los Países Bajos para reclamar la sucesión española. En 1686 se formó la Liga de Augsburgo, también conocida como la Gran Alianza. Incluía a algunos de los príncipes alemanes, los Países Bajos, Brandeburgo, España y Suecia, y su objetivo era detener la expansión francesa. La guerra que siguió se recuerda como la guerra de los Nueve Años, y duró desde 1689 hasta 1697. Los otomanos vieron la oportunidad de atacar a Austria una vez más, pensando que el ducado estaba debilitado por la guerra con Francia, pero el comandante militar alemán Carlos de Lorena demostró ser capaz de montar una defensa en ambos frentes, salvando los intereses austriacos. La guerra de los Nueve Años terminó con la Paz de Ryswick, que obligó a Luis XIV de Francia a devolver algunos de los territorios que había conquistado anteriormente, como los de la orilla derecha del Rin y Lorena, pero se quedó con Alsacia y el Palatinado. Pero esta paz solo fue una pausa en el conflicto, ya que la guerra se reanudaría tres años después como guerra de sucesión española.

Los problemas del imperio en Oriente no eran solo con los otomanos. Los húngaros y los transilvanos eran una piedra en el zapato de Austria, ya que gran parte del ducado, junto con Bohemia, volvió al catolicismo. En Hungría, los nobles siguieron siendo calvinistas, negándose a admitir el éxito de la Contrarreforma. Las minorías del imperio también rechazaron el catolicismo y siguieron practicando su fe original, como los serbios ortodoxos y los rutenos uniatas. La nueva generación de funcionarios eclesiásticos no toleraba la separación de la religión dentro del imperio, y comenzaron la conversión masiva de las minorías y la persecución de los protestantes. Los que se negaban a convertirse perdían sus propiedades, y los que se obstinaban en su resistencia eran ahorcados por deslealtad a la corona. La corte ayudó a los funcionarios eclesiásticos a luchar contra los protestantes, y todos los títulos y cargos de la corte estaban reservados a los católicos. Los judíos también fueron objeto de la conversión forzada, y los persistentes fueron exiliados de las ciudades. En la década de 1700, las tierras hereditarias austriacas eran predominantemente católicas, con solo pequeñas bolsas de protestantes. Hungría se resistía, y la mayoría de los nobles seguían siendo calvinistas en Transilvania. Sin embargo, al ser la mayoría de los austriacos católicos, el imperio experimentó un cambio respecto a 100 años antes, cuando la mayoría de los príncipes y sus súbditos eran protestantes.

Durante el reinado de Leopoldo, las tierras austriacas experimentaron un ascenso económico, pero el imperio, en su conjunto, luchó por mantener la economía en niveles iguales en todas sus partes. La colonización del Nuevo Mundo trajo consigo nuevos cultivos, como la patata y el tabaco, pero fueron las familias nobles las que aprovecharon la oportunidad de prosperar con estos cultivos. La corona trató de hacer algo de justicia con los campesinos limitando las exigencias de trabajo forzado a solo tres días a la semana y obligando a los magnates a pagar dinero por el resto de los días que un campesino trabajara en su propiedad. Pero el poder ejecutivo de Leopoldo era muy limitado y no pudo hacer cumplir estas nuevas normas. Bohemia, en particular, estaba económicamente atrasada con respecto a las partes occidentales del imperio debido a la despoblación que siguió a la Paz de Westfalia. Hungría también tenía mucho que recuperar porque sus territorios habían sido los campos de batalla en los que los otomanos lucharon contra los Habsburgo. Pero el imperio no perdió ninguno de sus territorios, y con el Tratado de Ryswick y la derrota del ejército turco, que sitió Viena, incluso recuperó regiones anteriormente perdidas. Los Habsburgo austriacos poseían el mayor territorio de Europa, pero su población era de solo nueve millones de habitantes. Francia contaba con veinte millones, por lo que los Habsburgo necesitaban aliados fuertes para su batalla final contra Luis XIV por la sucesión española.

Carlos II (1661-1700) y la guerra de sucesión española

Carlos II de España

*https://en.wikipedia.org/wiki/Charles_II_of_Spain#/media/
File;Juan_de_Miranda_Carreno_002.jpg*

Carlos II fue el último gobernante de la línea de los Habsburgo españoles. Debido a sus numerosas enfermedades, fue más un peón político que un verdadero gobernante. Carlos fue el único hijo superviviente de Felipe IV de España y su esposa, Mariana de Austria. Como Mariana era sobrina de Felipe, los historiadores modernos creen que muchos de los problemas de Carlos son resultado de la endogamia. Sin embargo, no existen restos de ADN que puedan ser analizados para aportar más pruebas a esta teoría. Carlos estaba tan enfermo que su mayor logro en la vida fue el hecho de vivir treinta y ocho años. Tenía la típica mandíbula de los Habsburgo, común a todos los miembros de la familia, pero la de Carlos estaba tan deformada que tenía problemas para hablar y comer. Sin embargo, este era el menor de sus problemas. Sufría terribles males de salud, como convulsiones, problemas intestinales, edemas por todo el cuerpo y posiblemente incluso epilepsia e hidrocefalia. A lo largo de su vida contrajo enfermedades mortales, como la viruela, la rubeola y el sarampión, pero consiguió sobrevivir a todas ellas. Sin embargo, le dejaron cicatrices en su ya desfigurado cuerpo, y sus contemporáneos lo describen como un ser temible. Aparte de las dolencias físicas, es posible que Carlos sufriera discapacidades intelectuales, pero esto se discute a menudo. Se señala que no aprendió a caminar ni a hablar hasta los cuatro años, y que necesitó ayuda para andar hasta los ocho. Sin embargo, quienes le conocieron más adelante suelen decir que sus capacidades mentales estaban intactas. Aun así, Carlos no recibió educación, aunque aprendió a leer y escribir mucho más tarde. Se cree que su madre le exigió a su hijo que no fuera a la escuela para no estresar su frágil cuerpo y mente. Más tarde, Carlos recibió el apodo de "El Hechizado", porque las monjas españolas decidieron que sus muchos problemas eran el resultado de un hechizo. Tras su muerte, se le practicó una autopsia y un exorcismo.

Carlos II fue incapaz de producir un heredero, aunque se casó dos veces. Su primera esposa fue Marie Louis d'Orléans, hija del duque de Orléans. Se cree erróneamente que Marie no quería casarse con Carlos porque era feo, pero la verdad es que ya estaba enamorada de uno de sus primos. Quedó destrozada por la noticia de su compromiso, pero acabó teniendo una vida feliz con Carlos, pues así lo afirmaba en sus cartas privadas. Debido a sus numerosas enfermedades, Carlos era probablemente estéril, aunque no impotente. Marie escribió al embajador francés en España que ya no era virgen, pero que creía que nunca tendría hijos. Esto demuestra que Carlos podía ser sexualmente activo, pero su infertilidad solo se demostraría después de su muerte, cuando la autopsia mostró que solo tenía un testículo atrofiado. Sin embargo, durante su vida en común, se culpó a María de no tener hijos y a sus cortesanos franceses de conspirar contra la corona española. Sin embargo, Carlos estaba enamorado de su primera esposa y lo seguiría estando hasta sus últimos días. Marie murió repentinamente tras diez años de matrimonio, probablemente a causa de una apendicitis.

Solo unas semanas después de la muerte de Marie, Carlos se vio obligado a casarse de nuevo. Esta vez, la novia fue elegida de la familia Neuburgo, que contaba con veintitrés hijos y era alabada por su fertilidad. Los españoles esperaban que la nueva reina, María Ana de Neuburgo, fuera capaz de traer al mundo un heredero de los Habsburgo. Se casó con Carlos en 1689 y permaneció a su lado hasta su muerte en 1700. María Ana se convirtió en una figura política muy poderosa en España, ya que era la madre prometida del futuro rey. Pero con el paso de los años, se hizo evidente que esto no sucedería. En varias ocasiones, María Ana afirmó estar embarazada, y la alegre noticia terminó en un aborto. Sin embargo, estos embarazos nunca se confirmaron, y ahora se cree que los inventó para demostrar que la culpa era de Carlos, no de ella. Así, mantendría el poder como madre potencial de un heredero.

España fue gobernada por las poderosas figuras detrás del enfermizo Carlos. Al principio, fue su madre, Mariana. Carlos tenía solo cuatro años cuando su padre murió, y Mariana gobernó como su regente durante los primeros diez años de su reinado. No tenía experiencia de gobierno y trajo inestabilidad a España. Mariana gobernó hasta 1676, cuando el hermanastro de Carlos, el hijo ilegítimo de Felipe IV, Juan José, consiguió el apoyo de los nobles y expulsó a Mariana de la corte. Fue enviada a Toledo, lo que disminuyó su influencia sobre la corona española. José asumió el papel de primer ministro español durante los dos años siguientes, hasta su muerte a la edad de cincuenta años. Dos primeros ministros gobernaron España antes de que el poder pasara a María Ana, la segunda esposa de Carlos. Ella reunió a nobles españoles y alemanes a su alrededor para ayudarla a ejercer el poder real, pero su gobierno llevó al Estado a la bancarrota, ya que aprobó la participación española en la guerra de los Nueve Años.

España carecía de un liderazgo fuerte. Los regentes y primeros ministros de Carlos fueron incapaces de atender al país, lo que provocó hambrunas, pestes y la emigración masiva de personas. El número de muertos durante el reinado de Carlos fue de unos 500.000. Pero la situación mejoró durante los últimos años del siglo XVII. El comercio se recuperó en Cataluña y la industria naval repuntó en el País Vasco. La población también empezó a crecer y, con ella, la agricultura comenzó a recuperarse. Sin embargo, el futuro no era halagüeño, ya que no había heredero al trono español, y los líderes extranjeros empezaron a entrometerse en la sucesión, con la esperanza de obtener beneficios personales. El primero en reclamar la corona española fue Luis XIV de Francia, y estaba dispuesto a entrar en conflicto abierto para conseguirla. Sin embargo, no era el único con pretensiones. Las dinastías de los Habsburgo y de los Borbones también reclamaban la sucesión, y el conflicto que surgió de estas tres partes condujo a una guerra que enredaría al mundo entero.

Carlos II era sobrino de Leopoldo I, y este pensaba que estos lazos familiares eran suficientes para reclamar la sucesión. Leopoldo quería la corona española para su segundo hijo, Carlos, ya que los territorios centroeuropeos serían gobernados por su hijo mayor, José. Luis, por su parte, quería la corona española para su nieto, reclamando el derecho en base a que su abuela, así como la madre de su nieto, eran de la dinastía de los Habsburgo. Otros pretendientes también estaban ligados a la familia de los Habsburgo a través del matrimonio. José Fernando de Baviera era hijo de la hija de Leopoldo, María Antonia. Por esta relación familiar, era bisnieto de Felipe IV. Los ingleses y los holandeses favorecieron esta reivindicación bávara. Guillermo III (que gobernaba tanto Inglaterra como los Países Bajos) veía a José Fernando como un gobernante que podía restablecer el equilibrio entre las potencias europeas y evitar que se concentrara en manos de los Habsburgo y los Borbones.

Las negociaciones de la sucesión española comenzaron durante el reinado de Carlos II, ya que nadie creía que fuera capaz de producir un heredero. Desgraciadamente, nunca se llegó a un acuerdo, a pesar de que los asesores de Leopoldo le recomendaron que simplemente renunciara porque nunca podría controlar tanto el Sacro Imperio Romano Germánico como España en caso de guerra. A finales de la década de 1690, Luis quería una solución pacífica para la sucesión española porque no podía financiar otra guerra debido a los conflictos que había protagonizado con los holandeses y los alemanes. Se estaban produciendo soluciones diplomáticas, pero todas ellas no tenían en cuenta los intereses de España. La nobleza española quería evitar la división de los territorios de su reino. Se inclinaban por la sucesión borbónica, ya que consideraban que el nieto de Luis, Felipe de Anjou, podía mantener y defender todo el territorio español junto con las colonias de ultramar. Ninguno de los nobles españoles, incluido Carlos II, creía que los Habsburgo fueran a trabajar por los intereses españoles. Los Habsburgo estaban preocupados por sus territorios hereditarios en Austria y por el Sacro Imperio Romano Germánico. No podían permitirse el lujo de dividir su atención y servir a todos sus territorios por igual. Carlos II favorecía personalmente a los candidatos bávaros, pero su voluntad fue fácilmente doblegada por las maquinaciones de la nobleza castellana y de su esposa, María Ana. Ella impulsaba la sucesión austriaca. Quizás fue el desprecio por su segunda esposa lo que hizo que Carlos se negara a ayudar a su propia dinastía. De hecho, durante los dos últimos años de su vida, Carlos escribió tres testamentos diferentes. En el primero, nombró a José Fernando de Baviera como su sucesor. En el segundo, presionado por su esposa y los partidarios austriacos de su corte, nombró heredero a Carlos, el hijo del emperador del Sacro Imperio Romano Germánico,

Leopoldo I. El último testamento lo firmó solo unos días antes de su muerte, y en él nombró a Felipe de Anjou. Para entonces, Carlos estaba muy enfermo y probablemente no era consciente de cómo le manipulaba su nobleza.

Carlos II murió en noviembre de 1700. Pocos días después, Felipe de Anjou fue proclamado rey de España. La guerra era inevitable, y comenzó en 1701 cuando los Habsburgo se obstinaron en reclamar el derecho a ocupar el trono español. La guerra podría no haberse producido si el tercer pretendiente, José Fernando, no hubiera muerto en 1699. A su muerte, Luis y Leopoldo renunciaron a cualquier posible acuerdo diplomático y rechazaron cualquier oferta de compromiso. No importaba que los nobles españoles hubieran elegido a Felipe de Anjou. En lugar de aceptar el testamento, Inglaterra, los Países Bajos y Austria se unieron para luchar contra los franceses y los españoles. Alemania (el Sacro Imperio Romano Germánico) se dividió, con Hannover, el Palatinado y Brandeburgo apoyando al emperador Leopoldo, mientras que Baviera optó por ponerse del lado de Francia. Ni siquiera España permaneció completamente unida a la causa, ya que Cataluña se rebeló y ofreció su apoyo al archiduque Carlos VI de Austria. La guerra duró hasta 1714, e incluyó muchas alianzas cambiantes y ganancias territoriales temporales para ambos bandos. Mientras Leopoldo vivía, los Habsburgo mantuvieron Italia, pero sufrieron pérdidas en Alemania. Incluso con sus aliados, los ingleses y los holandeses, las fuerzas de los Habsburgo eran a menudo superadas por las francesas. Sin embargo, con el gran liderazgo del duque de Marlborough y el príncipe Eugenio de Saboya, los Habsburgo consiguieron defender sus reinos. Las fuerzas combinadas de Eugenio y Marlborough obtuvieron una sorprendente victoria en la batalla de Blenheim en 1704. Derrotaron a los franceses y obligaron a Baviera a retirarse de la guerra, salvando a Viena de la invasión que el enemigo había planeado.

Para cambiar su fortuna, Francia hizo un trato con un noble húngaro llamado Ferenc II Rakoczi, pagándole 10.000 ecus (corona; moneda francesa) al mes para que iniciara una rebelión y dividiera la atención de los Habsburgo en dos frentes, el occidental con Francia y el oriental con Transilvania. Esta rebelión acosó a los Habsburgo hasta 1711. Pero a medida que Leopoldo envejecía en el transcurso de la guerra, se negó a tomar un papel activo en el gobierno, dejándolo en manos de sus consejeros. También ellos eran hombres mayores, que ocupaban los cargos por su lealtad, no por su habilidad. El hijo y sucesor de Leopoldo, José, no estaba satisfecho con el desarrollo de la guerra y, en 1703, se hizo cargo del gobierno y expulsó a algunos de los viejos funcionarios, sustituyéndolos por hombres jóvenes y ambiciosos. Entre ellos estaba el príncipe Eugenio de Saboya. Esta joven corte comenzó a reformar el imperio, y abordaron con urgencia el desastre financiero que estaba a punto de estallar. Comenzaron a obtener préstamos de Inglaterra y de los Países Bajos para asegurar la capacidad del imperio de permanecer en la guerra. Leopoldo murió en 1705 y José se convirtió en emperador.

José I (1678-1711) y Carlos VI (1685-1740)

José gobernó solo seis años, y todo su mandato estuvo marcado por la continua guerra con los Borbones. Se le recuerda como un gobernante enérgico que empleaba sabiamente a sus consejeros. También estaba lleno de sentimientos patrióticos hacia Alemania, y comenzó, pero nunca terminó la reforma completa de la monarquía. De hecho, José era tan patriota que insistió en casarse con una mujer alemana. Era un católico devoto, pero en cuestiones de Estado, abogaba por el laicismo. Por ello, fue generoso con las minorías religiosas e incluso empezó a emplear a protestantes como altos funcionarios. En muchos sentidos, José fue un gobernante moderno. Era un gobernante laico que creía en sus empresas y trabajaba con devoción en la monarquía que heredó. Sin embargo, seguía siendo un aristócrata derrochador, y era muy vanidoso y mujeriego. Por ello, fue criticado a menudo durante su reinado.

José basó su gobierno en los éxitos militares de sus grandes comandantes, Eugenio de Saboya y Marlborough. Bajo sus consejos, decidió hacer de Italia un objetivo principal de los ataques militares de los Habsburgo, pidiendo dinero prestado a la reina Ana de Inglaterra para financiar el ejército. Bajo el liderazgo de Eugenio, el ejército de los Habsburgo obtuvo una importante victoria en Turín en 1706, obligando a los franceses a abandonar sus esfuerzos en el norte de Italia. El ejército de los Habsburgo también tomó Nápoles, lo que pareció satisfacer a José, que ordenó al príncipe Eugenio que trasladara su ejército a los Países Bajos en 1708. Allí, la alianza ganó una batalla en Oudenaarde, abriendo el camino hacia los Países Bajos españoles. Pero mientras los Habsburgo y sus aliados tenían éxito en Italia y los Países Bajos, Francia se adentraba en el sur de Alemania. Sin embargo, en 1709, Francia había perdido tantas batallas que se vio obligada a acudir a la mesa de negociaciones.

Además de la guerra de sucesión española, José tuvo que lidiar con la revuelta de Transilvania, liderada por Ferenc Rakoczi. El noble húngaro declaró que los Habsburgo ya no eran los gobernantes de las tierras de Transilvania, pero para cuando José se hizo cargo del imperio, el líder rebelde había empezado a perder su apoyo. Las derrotas que sufrió Francia durante la guerra hicieron que Luis XIV no pudiera seguir financiando la rebelión de Transilvania, por lo que los nobles comenzaron a ponerse del lado de los Habsburgo. Una vez que José aseguró Italia, pudo desplegar sus fuerzas en Transilvania para acabar con la revuelta de una vez por todas. En Trencin (actual Eslovaquia), en 1708, el ejército rebelde fue derrotado, aunque superaba ampliamente en número a las fuerzas de los Habsburgo. Se trataba de un ejército de campesinos sin entrenamiento, y no representaba una amenaza real para el ejército profesional de los Habsburgo. Rakoczi huyó al exilio, pero José tuvo que tratar con cuidado los focos de resistencia que quedaban. Sus aliados, los ingleses y los holandeses, se oponían a utilizar la fuerza contra los protestantes húngaros, y la paz definitiva con los rebeldes no se firmó hasta la muerte de José en 1711.

Aunque José I gobernó durante un corto periodo de tiempo, continuó la guerra que había iniciado su padre con mucho éxito. Sin embargo, nunca la terminó, y la tarea recaería en su sucesor, Carlos VI. José tampoco consiguió elevar el imperio durante la guerra. El Sacro Imperio Romano Germánico ganó muy poco, pero para José eso no supuso un problema porque sus objetivos eran puramente dinásticos. Su principal esfuerzo era mostrar la superioridad de los Habsburgo sobre la Casa de Borbón y conseguir así la corona española. Subordinó todo el imperio a sus objetivos personales, lo que no era inusual en la época. Otros príncipes alemanes hicieron lo mismo, poniéndose del lado de quien veían como el líder que les aportaría más beneficios personales. La estrategia de José parecía prometedora, e incluso podría haberle reportado una victoria final de no ser por su repentina muerte. José murió el 17 de abril de 1711 de viruela, la epidemia que había asolado Europa ese año. Su único hijo murió siendo un bebé y dejó dos hijas. Así, la corona pasó a su hermano menor, Carlos.

A la muerte de Carlos II de España en 1700, Carlos se proclamó rey de España y fue bien recibido en Cataluña, donde pasó seis años, desde 1705 hasta la muerte de su hermano en 1711. La implicación de Carlos en la guerra de sucesión demostró su incapacidad política, aunque tuvo algunos momentos brillantes. Sus predecesores, tanto Leopoldo como José, eran conscientes de que nunca podrían hacerse con toda España, y nunca pretendieron hacerlo. Pero este era el objetivo que perseguía Carlos. Sus limitadas capacidades militares quedaron patentes nada más llegar a la península ibérica en 1705. Aunque contó con la ayuda de ingleses y holandeses, no tomó ningún territorio de forma permanente, por lo que permaneció acantonado en Barcelona. Fue su hermano quien dirigió con éxito la guerra hasta 1711, y tras su muerte, los aliados de los Habsburgo comenzaron a buscar la paz con Francia en sus propios términos. Pero Carlos estaba decidido a seguir luchando por la corona española.

En 1713, Inglaterra, Portugal y los Países Bajos iniciaron negociaciones de paz con Francia en la ciudad de Utrecht. Carlos continuó sus esfuerzos contra Francia, enviando al príncipe Eugenio de Saboya a una última campaña. Sin embargo, el ejército de los Habsburgo sufrió la peste y, sin aliados, Carlos no pudo conseguir nada. Finalmente, presionado por sus consejeros, el nuevo emperador aceptó terminar la guerra en 1714 y unirse a las negociaciones de paz en Utrecht. Las negociaciones se prolongaron hasta bien entrado el año 1715 porque Carlos se negó obstinadamente a admitir que Felipe de Anjou fuera el rey de España. Pero el resultado del tratado de paz acabó siendo una Europa bien equilibrada sin que un solo gobernante acumulara demasiado poder en sus manos. Felipe recibió la corona española, pero solo con la condición de que renunciara a sus derechos de sucesión en Francia, lo que aceptó. De este modo, se impidió la unión de España y Francia. A cambio, los Habsburgo obtuvieron los Países Bajos, que hasta entonces habían sido gobernados por España. También se quedaron con gran parte de Italia y con Nápoles. Francia se quedó con algunos de los territorios que había adquirido durante la guerra, como Alsacia y Estrasburgo.

Con el fin de la guerra de sucesión, los Habsburgo dejaron de gobernar España. Tenían Italia en sus manos, pero sus territorios, aunque ricos, resultaban muy difíciles de defender, ya que los Habsburgo no tenían un verdadero poder militar naval. Carlos también recibió Bélgica, un país tan alejado de la base de poder dinástica que resultó muy difícil de defender. El hecho de que Carlos aceptara estas condiciones muestra cómo dejó que su orgullo imperial se impusiera a su razón. Quería gobernar un gran imperio, y no le importaba la eficacia que pudiera tener. Al igual que sus predecesores medievales, Carlos pensaba que los Habsburgo gobernarían en todas partes, y no le importaba cuánto perdería la dinastía por adquirir territorios imposibles de defender.

Durante el resto de su reinado, Carlos se obsesionó con un documento conocido como la Pragmática Sanción, emitido oficialmente en 1713. Este documento lo concibió como un código para la sucesión de los Habsburgo, y sirvió como base legal sobre la que se asentó la monarquía del imperio hasta su final en 1918. Anteriormente, Carlos había firmado otro documento con su hermano José. Dado que ninguno de los dos tenía un heredero varón, el Pacto Mutuo de Sucesión, firmado en 1703, establecía que la hija de José, María Josefa, sería la heredera legítima al trono si Carlos no tenía ningún hijo varón. Cuando Carlos firmó tanto el Pacto Mutuo de Sucesión como la Pragmática Sanción, no tenía hijos. Todos sus hijos murieron en la infancia, y su futura heredera, María Teresa, solo nacería en 1717. Sin embargo, Carlos tenía que pensar en el futuro, así que promulgó la Pragmática Sanción para asegurar el principio de primogenitura de los Habsburgo, que se aplicaba tanto a los hijos varones como a las mujeres. El documento degradaba a María Josefa a la segunda línea de herencia, aunque perteneciera a la línea mayor de los Habsburgo. La motivación de Carlos no era solo el deseo de que sus sucesores heredaran las tierras, sino también hacer indivisibles los territorios de los Habsburgo. No quería que se produjera una nueva ruptura de la dinastía, ya que ello supondría la división del imperio. El documento vinculaba las tierras de los Habsburgo a la ley y no solo a los principios dinásticos.

La Pragmática Sanción alteró las relaciones jurídicas de la dinastía con los diferentes reinos del imperio, como Bohemia, Hungría e incluso Austria. Por ello, Carlos consideró que el documento necesitaba un reconocimiento formal. Pasó los siguientes veinte años presionando para conseguir este reconocimiento por parte de otras potencias europeas. Austria y Bohemia ratificaron el documento ya en 1721, pero Hungría resultó mucho más difícil de persuadir. Antes de firmar, los nobles húngaros querían la promesa de Carlos de que los Habsburgo seguirían respetando todos los privilegios que habían obtenido tras la guerra de sucesión española, como las exenciones fiscales de las que disfrutaban los nobles húngaros, así como la completa libertad religiosa del reino. En 1723, Hungría y Transilvania aceptaron finalmente la Pragmática Sanción, seguidas por los Países Bajos y Lombardía en 1725. Para obtener la aprobación española, Carlos tuvo que prometer que casaría a su hija, María Teresa, con uno de los hijos de Felipe. Esto significaba que la rama austriaca de los Habsburgo se vincularía a los Borbones franceses. Los ingleses y los holandeses no quisieron, y Carlos se vio obligado a poner fin al pacto con Felipe de España. Para ganar aún más la aprobación de ingleses y holandeses, Carlos también tuvo que prometer que cerraría la compañía de comercio de ultramar de Austria, que empezaba a ser un serio competidor en el mercado comercial mundial. En 1732, Carlos había conseguido la ratificación del documento por parte de todos los príncipes de Alemania, pero esto también tenía un precio. Tuvo que prometer a María Teresa que se casaría con un príncipe alemán, tuvo que apoyar a Federico Augusto de Sajonia como pretendiente al trono de Polonia y tuvo que reconocer algunas adquisiciones territoriales que Prusia había hecho anteriormente.

Carlos era un gobernante muy cauto y, tras la guerra de sucesión española, llevó una vida muy tranquila. Sin embargo, no pudo evitar entrar en varias guerras durante su reinado. La primera estalló en 1717, cuando Felipe de España rompió el Tratado de Utrecht atacando Italia. Sin embargo, el monarca de los Habsburgo no tuvo que defender solo su imperio. Los Países Bajos, Inglaterra y Francia acudieron en ayuda de Carlos y detuvieron a los españoles. Aunque

Felipe no consiguió mucho con este ataque, finalmente logró que Carlos le reconociera como legítimo gobernante de España.

Tras la muerte de Luis XIV, los aliados de los Habsburgo ya no vieron ningún peligro en Francia y dejaron de ofrecer su apoyo a Carlos VI. Sin embargo, con la inminente invasión turca, Carlos necesitaba mucho la alianza. Por ello, dirigió su política hacia el este, hacia Rusia. Esta nueva alianza significaba la posibilidad de derrotar a los otomanos, para lo cual, a su vez, Rusia reconocería oficialmente la Pragmática Sanción. Pero Carlos descuidó la diplomacia con los aliados occidentales, dejándolos escapar. Esto resultó desastroso durante la década de 1730, cuando comenzaron nuevas guerras. Los Habsburgo se vieron arrastrados a la guerra de sucesión polaca (1733-1738) porque habían prometido que darían su apoyo a Federico Augusto de Sajonia. Lo consiguieron y, finalmente, Federico se convirtió en el rey de Polonia. Al mismo tiempo, sin embargo, Felipe de España atacó Italia, tomando Nápoles y Sicilia y dividiendo de nuevo la atención de los Habsburgo. Francia aprovechó la oportunidad e invadió Lorena, territorio gobernado por Francisco, yerno de Carlos. El emperador ofreció Toscana a Francisco como compensación por Lorena.

Al final del reinado de Carlos, en 1737, el Sacro Imperio Romano entró en guerra con los otomanos para apoyar a sus nuevos aliados, los rusos. Esta fue la segunda guerra contra los otomanos que Carlos dirigió durante su reinado. La primera ocurrió en 1716, cuando el ejército turco fue derrotado en Petrovaradin (situada en la actual Serbia), lo que, según la leyenda, ocurrió debido a la milagrosa nevada de agosto. Los Habsburgo ganaron los territorios hasta Belgrado. Pero en 1737, Carlos no tuvo ningún milagro que le ayudara, y aunque su ejército ganó varias batallas, perdió las ganancias territoriales que había adquirido en la guerra anterior.

Carlos murió en 1740, dejando al imperio muy endeudado. Sus contemporáneos esperaban que el dominio de los Habsburgo terminara con su muerte, pero debido a sus esfuerzos por cambiar las leyes de sucesión para incluir a las mujeres, siguieron gobernando. Sin embargo, la Pragmática Sanción de Carlos resultó ineficaz, ya que su hija, María Teresa, tuvo que recurrir a la guerra para reclamar su legítimo lugar en el trono.

Capítulo 6 - Los Habsburgo en la Ilustración

Escudo de la emperatriz María Teresa
https://en.wikipedia.org/wiki/Maria_Theresa#/media/File:Middle_C oat_of_Arms_of_Maria_Theresa,_Holy_Roman_Empress.svg

Después de una serie de emperadores que lograron poco o nada, el Sacro Imperio Romano Germánico tuvo por fin un líder motivado por el pragmatismo y la voluntad de comprometer la tradición para lograr resultados concretos para el imperio, al menos en el sentido político. Pero esta gobernante, María Teresa, tuvo que superar la tradición de los gobernantes masculinos que estaba tan profundamente grabada en las mentes europeas. Al final, ni siquiera pudo gobernar en su propio nombre. En cambio se convirtió en emperatriz por el título solo debido a su matrimonio, pero seguía siendo una política desde la sombra. María Teresa manejó todos los hilos del vasto imperio que su marido gobernaba oficialmente, y así, dejó una profunda huella en la historia del mundo. Pero mientras María Teresa inspiró al pueblo para que le concediera su estima durante sus cuarenta años de reinado, su sucesor e hijo, José II, solo recibió la hostilidad del mismo pueblo.

María no era una gobernante ilustrada, pero se rodeó de consejeros ilustrados y supo captar la sabiduría de las reformas. José II, en cambio, fue un verdadero déspota ilustrado que trató de instituir la razón y la primacía del Estado como principios principales del gobierno. Sus reformas fueron muy inteligentes, pero no fue muy eficaz a la hora de aplicarlas. El emperador Leopoldo II encontró el punto medio entre la política cuidadosamente dirigida por su madre y la necesidad de control total de su hermano mayor. Desgraciadamente, su tiempo como gobernante fue muy corto, y solo gobernó el tiempo suficiente para limpiar el desorden que dejó José II.

María Teresa y sus dos hijos no fueron revolucionarios. No hay que confundir la Ilustración con las revoluciones que vendrían después en el siglo XIX. La Ilustración fue un movimiento dentro de los círculos intelectuales y de la clase dirigente, no de las masas. Por lo tanto, la Ilustración residía principalmente en las mentes y como ideas, no en los corazones de la gente. El movimiento evolucionó a partir del Humanismo tardomedieval y del

Renacimiento, y fue un epílogo de la Revolución Científica de principios de la Edad Moderna. Aunque la Ilustración no fue revolucionaria por sí misma, preparó el camino para el gran año revolucionario de 1848, cuando casi toda Europa sintió la rabia del pueblo que exigía el fin del régimen monárquico. Las principales ideas filosóficas de la Ilustración eran la razón, el progreso, la tolerancia, la constitución y el laicismo. En esencia, la Ilustración pretendía socavar la autoridad del gobernante, pero el movimiento solo llegó a un pequeño número de las clases sociales más altas. No pudo llegar al pueblo llano porque solo la élite tenía acceso a la educación y a los libros.

En las tierras de los Habsburgo, la Ilustración estaba centrada en el Estado, lo que significa que, antes de que pudiera poner en peligro a la dinastía, sus miembros actuaron rápidamente para recoger algunos de sus principios para fortalecer su propio gobierno. Aunque, en general, el movimiento pedía la formación de un parlamento constitucional, esto nunca sucedería en las tierras de los Habsburgo, ya que se consideraba un movimiento que debilitaría al Estado, no lo fortalecería. Pero al final, la Ilustración permitió que el imperio austrohúngaro emergiera más fuerte que nunca, con una economía modernizada y mejores sistemas de educación y gobierno. La relación entre los gobernantes de los Habsburgo y sus súbditos cambió enormemente durante este periodo, ya que el bienestar del pueblo se convirtió en el objetivo principal.

María Teresa (1717-1780)

La emperatriz María Teresa
https://upload.wikimedia.org/wikipedia/commons/thumb/3/3e/Kais erin_Maria_Theresia_%28HRR%29.jpg/800px- Kaiserin_Maria_Theresia_%28HRR%29.jpg

María Teresa tenía veintitrés años cuando asumió el trono. Sin embargo, parece que Carlos VI confió demasiado en que los estados circundantes respetarían su Pragmática Sanción. En cambio, la sucesión femenina seguía siendo mal vista, pero sobre todo porque otros pretendientes al trono aparecieron muy pronto.

Además, las guerras de Carlos y su fallida diplomacia habían dejado al Estado con una enorme deuda y un pobre ejército. Por otro lado, María solo contaba con un consejo de ancianos para ayudarla, y eran incapaces de enfrentarse a los problemas modernos. María tampoco tenía experiencia de gobierno, un problema del que se aprovecharon las potencias del entorno. Carlos Alberto de Baviera, casado con una de las hijas del emperador José I, reclamaba el derecho a suceder en el trono del Sacro Imperio Romano Germánico, y Francia le apoyaba abiertamente. Federico Augusto de Sajonia, rey de Polonia, también reclamó el imperio para sí, ya que también estaba casado con una de las hijas de José. María Teresa no tenía experiencia ni apoyo. El rey Federico II de Prusia (también conocido como Federico el Grande) aprovechó la oportunidad y atacó Silesia en 1740, iniciando la guerra de sucesión austriaca.

Carlos VI fue el último de los Habsburgo en gobernar el Sacro Imperio Romano Germánico sin interrupciones desde 1438. La guerra que siguió a su muerte fue de enormes proporciones, ya que involucró a toda Europa. Todos querían aprovecharse de la inexperiencia del sucesor de Carlos, y todos querían una parte del territorio del imperio. En 1741, Baviera invadió Bohemia, mientras que Francia y España unieron sus ejércitos para atacar los Países Bajos austriacos y Lombardía. Por si estos buitres no fueran suficientes, María Teresa también hizo que su propio pueblo la abandonara y se uniera a la causa de Carlos Alberto. Al año siguiente, los electores alemanes abandonaron por completo la dinastía de los Habsburgo y eligieron al príncipe bávaro como nuevo emperador del Sacro Imperio. Gobernó como Carlos VII, y aunque no llevaba el apellido Habsburgo, estaba emparentado con la dinastía por sangre y por matrimonio.

En esta época, nadie pensaba en María Teresa como una amenaza para sus objetivos, pero la joven reina de Austria y Bohemia pensaba de otra manera. En 1741, fue a Hungría, donde reunió a los nobles y pronunció su famoso discurso en el que apeló a sus sentimientos de caballerosidad para defender a la joven madre. Vestida al estilo húngaro, con el niño José en brazos, María recordó a los nobles sus juramentos de lealtad a la dinastía. Más de 100.000 hombres se reunieron para formar un ejército leal a su nueva reina, comprometiéndose a protegerla a ella y a su familia de los enemigos del imperio. En noviembre, María Teresa fue coronada como reina de Hungría en una ceremonia en la que se comprometió a proteger el reino de sus enemigos. Pero este momento solo fue la culminación de meses de negociaciones en las que María tuvo que prometer varios privilegios para Hungría. El pueblo seguía exento de impuestos imperiales y conservaba sus libertades religiosas, pero lo más importante es que Hungría conseguía mantener instituciones separadas del imperio y tener su propia constitución. Todo esto ayudaría más tarde a este reino a evitar gran parte de las reformas que María y su hijo, José II, intentaron aplicar. El apoyo de Hungría a la joven reina llegó en el momento oportuno, y María pudo combatir a sus enemigos con su propio ejército. Tomó Praga en 1743 y fue coronada como reina de Bohemia en mayo de ese año. Inglaterra, siempre consciente del creciente poder de Francia, vio una oportunidad en María Teresa y comenzó a invertir dinero en la causa de Austria. Así, la joven reina recibió ayuda naval y subvenciones de dinero inglés, que utilizó para conquistar el resto de Bohemia y hacer retroceder al ejército francés de Alemania.

En 1745, Carlos VII murió, sin haber gobernado ni siquiera tres años completos. Su hijo, Maximiliano III José, hizo las paces con Austria y prometió que ayudaría al marido de María, Francisco, a ser elegido como próximo emperador del Sacro Imperio Romano Germánico. A cambio, Austria reconoció finalmente la elección de Carlos, aunque de forma póstuma, y devolvió Baviera a Maximiliano. Francisco I se convirtió en emperador, y María Teresa finalmente sucedió a la corona de su padre, aunque fue a través de su marido. Fue la única reina de los Habsburgo, que incluían Austria, Hungría, Transilvania, Croacia, los Países Bajos austriacos, Galicia, Mantua, Milán, Lodomeria y Parma. Pero se la recuerda sobre todo como la emperatriz del Sacro Imperio Romano Germánico; aunque su marido era el gobernante oficial, ella manejaba todos los hilos.

Los ejércitos de María no tuvieron tanta suerte en Italia, ya que las batallas que libró allí no fueron concluyentes. Sin embargo, su atención siempre se centró en Prusia, donde gobernaba Federico II, un hombre que ella siempre consideró malvado y despiadado. Era un hombre capaz de reorganizar su ejército y convertirlo en el más eficiente de Europa. Con gran esfuerzo, María le expulsó de Bohemia, pero no pudo hacer lo mismo en Silesia, y se vio obligada a firmar una paz en 1748. Los términos de esta paz fueron, en cierto modo, un triunfo para la reina austriaca porque fueron la prueba de su supervivencia. También demostró que era capaz de luchar contra Prusia, la mayor potencia militar de la época, hasta el final. Silesia fue su única pérdida importante, ya que este territorio estaba bien desarrollado económicamente. Con él, perdió alrededor del 20% de los ingresos del gobierno. La pérdida de Silesia no fue solo una pérdida económica. La posición de los Habsburgo también disminuyó, ya que la dinastía prusiana, los Hohenzollern, subió al poder.

Comprendiendo su debilitada posición, María Teresa trabajó con lo que tenía, y para mejorar su posición dentro del imperio, reformó sus territorios. Adoptó algunas de las ideas de la Ilustración, pero solo las que convenían a su causa. Las instituciones debían ser reorganizadas de tal manera que respondieran a las demandas del pueblo y, al mismo tiempo, fueran completamente obedientes a la autoridad del gobernante. María quería construir un Estado que fuera fuerte, ya que esta fuerza reflejaría su autoridad real. Los problemas más inmediatos a los que había que hacer frente eran las debilidades militares y financieras de los dominios de los

Habsburgo. Para hacer frente a ambas, María contrató al conde Federico Wilhelm von Haugwitz, que inició la centralización de la política exterior y militar. El poder militar se repartió entre los órganos administrativos que tenían mayor autonomía y eficacia. Cuando Haugwitz reformó las instituciones, empezó a pensar en los impuestos. En lugar de que las diferentes regiones —Bohemia, Austria y Moravia— aprobaran las políticas fiscales una vez al año, debían hacerlo una vez por década. Los nobles ya no estaban exentos de impuestos, lo que significaba que tenían menos control. El gobierno central tenía ahora más poder en la administración de la recaudación de impuestos, no los estamentos por separado.

Estas reformas iniciales se centraron en la supervivencia inmediata del Estado de los Habsburgo, pero las posteriores se concentraron en cambiar todos los aspectos del gobierno de María Teresa. El gobierno se centralizó aún más con la creación del Directorio de Administración y Finanzas y la Cancillería conjunta austriaco-bohemia en 1749. Se reorganizaron todos los órganos burocráticos y se fundó el nuevo Tribunal Supremo con la intención de reducir los poderes de los nobles y las ciudades. En 1766 se completó el *Codex Theresianus*, que era un códice de derecho unitario de los territorios hereditarios de los Habsburgo. Pero además de todas estas reformas gubernamentales, María se aseguró de que se tomaran medidas para mejorar la vida de sus súbditos. Sin embargo, no lo hizo por motivos altruistas. Solo puso en marcha aquellas reformas que mejoraran la educación, los asuntos religiosos y la situación económica del pueblo, a la vez que fortalecieran el Estado en su conjunto. Las ordenanzas de educación se aplicaron, haciendo obligatoria la enseñanza primaria, en Austria (1774) y Hungría (1777). El imperio de María Teresa tenía el sistema educativo más ejemplar de la Europa de la época. El acceso del pueblo a la educación se amplió, de modo que cualquiera podía enviar a sus hijos a las escuelas. El plan de estudios también se modernizó, poniendo gran énfasis en la lengua alemana, las matemáticas, la ciencia y la ingeniería. Con un sistema educativo tan moderno, la influencia de la Iglesia empezó a disminuir. Sin embargo, todo esto formaba parte del plan del gobierno para debilitar las instituciones eclesiásticas y ponerlas bajo la supervisión del Estado. Así, los tribunales laicos pudieron juzgar a los sacerdotes en asuntos no eclesiásticos, y el Estado pudo tomar el control de algunos de los ingresos de la Iglesia. Pero lo más importante es que el gobierno nombró a los altos cargos de la Iglesia y el clero dejó de estar exento de impuestos, lo que permitió a la Iglesia servir al Estado con mayor eficacia.

Todas estas reformas estaban limitadas territorialmente. Por ejemplo, los territorios italianos y flamencos apenas experimentaron estas reformas, y aunque Hungría se vio afectada, el trato que había hecho con María Teresa al principio de su gobierno la protegió. Hungría siguió siendo administrativa y financieramente independiente del resto del Estado. María siempre respetó su promesa a los nobles húngaros, y solo convocó la Dieta húngara tres veces durante sus cuarenta años de gobierno. Las reformas generales que María llevó a cabo aportaron mucho bien al Estado, pero resultaron insuficientes para financiar las aventuras militares de la monarquía de los Habsburgo. Silesia seguía siendo una piedra en el zapato de la monarquía, y María estaba decidida a recuperarla. Para lograrlo, tuvo que poner fin a la larga alianza con Gran Bretaña, ya que esta exigía que Austria renunciara a Silesia y entregara Baviera a Prusia. María se vio obligada a acudir a Francia en busca de ayuda y, aunque reticente, esta aceptó una alianza en 1756 tras entrar en conflicto con Gran Bretaña. La formación de la alianza defensiva entre la monarquía de los Habsburgo y Francia marcó el inicio de la guerra de los Siete Años.

La guerra fue otro conflicto que involucró a todas las grandes potencias de Europa. Federico de Prusia inició el conflicto invadiendo Sajonia en 1756, lo que hizo que Austria se uniera a Francia, Rusia, Polonia e incluso Suecia contra Prusia. Para convencer a Francia de que se uniera a la alianza, María Teresa renunció a algunos de los territorios de Flandes e Italia, pero incluso respaldada por sus aliados, Austria fue incapaz de lograr una victoria decisiva. Hubo varias batallas entre los ejércitos prusiano y austriaco, pero todas fueron inconclusas. Las batallas por delegación libradas entre Francia y Gran Bretaña en la India y América del Norte supusieron graves pérdidas para Francia, que ya no podía conceder subvenciones a Austria. Tras la muerte de la emperatriz Isabel de Rusia (r. 1741-1762), Rusia se retiró de la guerra. Su sucesor admiraba a Prusia y decidió que Rusia no tenía cabida en el conflicto. Cuando Gran Bretaña y Francia pusieron fin a su participación en el conflicto, Austria se vio obligada a firmar la paz con Prusia en Hubertusburg en 1763. María no había conseguido ninguno de sus objetivos, y Prusia acabó siendo la vencedora, confirmando su posición entre las grandes potencias europeas. Pero hubo un premio de consolación, ya que Federico de Prusia prometió que votaría por el hijo de María, José, para que se convirtiera en el rey de los romanos y en el heredero del trono imperial. María tuvo que hacer las paces con la pérdida permanente de Silesia.

En 1765 murió el marido de María, Francisco I, y la emperatriz formó un triunvirato no oficial con su hijo José y uno de sus principales consejeros y canciller, el príncipe Wenzel Antón de Kaunitz-Rietberg. Sin embargo, María se aseguró de ostentar el mayor poder mientras los dos actuaban como socios menores, aunque José fue coronado oficialmente como emperador del Sacro Imperio. María y José se enfrentaron a menudo, ya que José apoyaba las reformas de la Ilustración que apoyaba Kaunitz, mientras que María seguía siendo obstinadamente conservadora. Poco a poco, María permitió que su hijo tomara las riendas, principalmente de los asuntos del imperio, el ejército y las finanzas. A su vez, José pasaba todo su tiempo fuera de Viena, viajando por su imperio y visitando a sus vecinos inmediatos para establecer relaciones diplomáticas. Esto le mantuvo alejado de María, y ambos consiguieron llevar una productiva asociación que benefició a Austria y al gran Imperio de los Habsburgo.

Durante los últimos quince años de su reinado, María fue menos activa en el gobierno, dejando los asuntos a su hijo José, a quien proclamó su corregente. Así, José se ocupó de la guerra de sucesión de Baviera y del primer reparto de Polonia. Para evitar que la emperatriz Catalina la Grande de Rusia se entrometiera en los territorios de los Habsburgo, José llegó a un acuerdo con Prusia y Rusia para repartir Polonia entre estas tres potencias. La primera de las tres particiones de Polonia tuvo lugar en 1772, e hizo que Galicia y la mayor parte del sur de Polonia quedaran bajo el dominio de los Habsburgo. En 1774, José maniobró sabiamente en la política y adquirió Bucovina a los otomanos, añadiéndola a Transilvania y Galicia. Sin embargo, las nuevas tierras eran muy pobres y no aportaron mucho a la dinastía. María estaba personalmente en contra de la división de Polonia, ya que era un estado soberano, pero era demasiado pragmática para dejar pasar la oportunidad y añadir más territorio a su reino. Sin embargo, con estos territorios, la composición étnica del imperio se diversificó, lo que significó más problemas. La adición de polacos, rutenos y judíos supuso más maniobras políticas para satisfacer las necesidades y demandas de todas las naciones que formaban el Imperio de los Habsburgo.

María Teresa murió de un resfriado común en noviembre de 1780, cuando tenía sesenta y tres años. Al final de su vida, su cuerpo era muy frágil, lo que se debía, según ella misma afirmaba, a sus numerosos embarazos que la hicieron envejecer prematuramente. Tuvo dieciséis hijos, de los cuales diez llegaron a la edad adulta. Uno de ellos fue la famosa reina francesa María Antonieta. Al enterarse de la muerte de María Teresa, su mayor enemigo, Federico de Prusia, dijo que era un honor para el imperio y su sexo. Afirmó además que nunca la había considerado su enemiga, a pesar de haber luchado contra ella en tres guerras diferentes. María Teresa fue la última gobernante de la Casa de Habsburgo, y la dinastía se extinguió después de ella. Sin embargo, fue sustituida por la Casa de Habsburgo-Lorena, iniciada por su hijo José II. A través de esta nueva dinastía, el nombre de los Habsburgo continuó viviendo junto con la influencia de la familia en la política del mundo.

José II (1741-1790)

El emperador José arando el campo en 1769

https://en.wikipedia.org/wiki/Joseph_II,_Holy_Roman_Emperor#/media/File:Joseph2pflug_1799.jpg

María Teresa es recordada como una de los gobernantes de los Habsburgo con más logros, pero su hijo, José II, fue probablemente el más ambicioso. Aunque gobernó menos de diez años, promulgó más de 6.000 edictos, tratando de imponer reformas que aportaron muchas ideas modernas. Sin embargo, José carecía de habilidades políticas, y algunas de sus reformas fueron rápidamente anuladas. No obstante, consiguió reforzar el dominio de la dinastía. Por ello, muchos historiadores le elogian por su capacidad de pensar en sentido moderno, pero se le critica duramente por su autoritarismo. Aun así, José creía en la igualdad del pueblo. Se veía a sí mismo como el principal servidor del Estado, que era la única razón por la que pensaba que debía tener el máximo poder. Para él, la nobleza no tenía sentido, y todos debían trabajar al servicio del Estado. Por lo tanto, todos debían obedecer su voluntad y escuchar sus razonamientos sin oponer resistencia.

Como autócrata, José creía tener la mejor visión de las necesidades de la monarquía, y no veía ninguna razón para un enfoque diplomático de los asuntos internos. Incluso dictó órdenes disciplinarias militares, prohibiendo a los cadetes masturbarse. También fijó la hora exacta del encendido de las farolas y a qué hora debían apagarse. Su comportamiento era despótico, pero José creía firmemente que trabajaba por el bienestar del imperio. A menudo anulaba los privilegios de la nobleza y el clero cuando pensaba que se interponían en el camino del bien común. Sin embargo, el emperador no confiaba en que el pueblo entendiera cuál era el bien común. Era un gobernante arrogante, y su estilo arrogante en el que basó su monarquía explica algunos de los errores que cometió.

Al igual que su madre, José creía en la aplicación de las ideas de la Ilustración siempre que sirvieran para fortalecer el Estado. Pero mientras María Teresa dudaba a menudo de las reformas por su sentido del tradicionalismo, José creía que los cambios eran demasiado lentos. Una vez convertido en emperador, José aprovechó la oportunidad para transformar los asuntos económicos, administrativos y sociales. Sus reformas más efectivas fueron de carácter administrativo, ya que José se esforzó por crear un fuerte control centralizado sobre todo el imperio. Creó instituciones más profesionalizadas y unitarias, haciendo del alemán la lengua común de la administración en todo su reino. Esto se hizo para estandarizar la burocracia y el gobierno. Llenó muchos puestos de la burocracia y la judicatura con plebeyos porque quería promover la igualdad del pueblo. Quería asegurarse de que el pueblo supiera que el nacimiento no significaba necesariamente distinción. Gracias a las excelentes reformas educativas, José también pudo emplear a más jueces y abogados profesionales en su nuevo y modernizado sistema judicial.

En 1787 se promulgó un nuevo código legal. Con él, José intentó modernizar el antiguo código de su madre y expulsar algunas de las leyes arcaicas, como la pena capital y la persecución de la brujería. Pero el objetivo principal del nuevo código era enfatizar la igualdad del pueblo, siendo todas las clases sociales iguales ante la justicia. José también reformó la sanidad del imperio abriendo un hospital general en Viena en 1784 y haciendo obligatorio que todas las comunidades tuvieran un médico y una enfermera registrados. Envió a muchos médicos alemanes al extranjero para que aprendieran las prácticas médicas más modernas y las trajeran a casa. En el aspecto económico y social, José se esforzó por impulsar la manufactura, el comercio y las pequeñas industrias. También apostó por la agricultura y, para fomentarla, realizó drásticas mejoras en las condiciones de vida en el campo. En 1780 se abolió la servidumbre en la mayor parte del imperio. Los campesinos ya no tenían que obedecer la voluntad de sus terratenientes y obtuvieron la libertad de casarse y de elegir su profesión. Sin embargo, la nobleza se resistió fuertemente a estas reformas, por lo que José no pudo aplicarlas por igual en todo el imperio. Los campesinos de las zonas occidentales del imperio vivían mejor y tenían más libertades que los del este.

Las reformas de José encontraron finalmente resistencia en 1784, cuando estalló una revuelta en Transilvania. Los campesinos pensaban que las reformas no iban lo suficientemente lejos. Se oponían a sus terratenientes, que seguían cobrando los impuestos a su antojo y pagaban salarios más bajos por el trabajo obligatorio. José simpatizaba con los campesinos, pero tenía la obligación, como emperador, de preservar la dinámica del poder. Por lo tanto, tuvo que reprimir la revuelta. Pero en lugar de frenar las reformas, el emperador siguió adelante, ignorando las advertencias de una posible resistencia. Los nuevos cambios solo consiguieron atizar a la nobleza y a los burgueses, especialmente cuando José propuso que los impuestos recaudados a los campesinos se repartieran entre el Estado y los nobles. José fue advertido por sus asesores de que esta medida instigaría aún más a la nobleza porque sus ingresos se reducirían considerablemente, pero el emperador los ignoró. En 1787, algunos de los estamentos acusaron a José de violar sus derechos legales y se negaron a pagar impuestos. Los nobles de todo el Imperio de los Habsburgo se resistieron, pero estaban descoordinados y sin liderazgo, por lo que la resistencia estaba condenada al fracaso. Sin embargo, esto pinta un cuadro de los fracasos políticos de José.

José a menudo descuidaba el imperio en general, ya que estaba más preocupado por aplicar sus reformas en los reinos danubianos. Esto se debe a que consideraba estas tierras como su base de poder. Todos los príncipes alemanes eran conscientes de que el emperador favorecía los intereses austriacos por encima de los del imperio, por lo que permitieron que Federico II de Prusia hiciera valer su influencia. Federico se presentó como más leal a los intereses alemanes que José, y formó una liga de príncipes en 1785 conocida como la *Fürstenbund*. Esta liga excluía a José porque su principal objetivo era frustrar las intenciones del emperador de cambiar los Países Bajos austriacos por Baviera, lo que ampliaría el dominio de los Habsburgo. Sin embargo, los planes del emperador nunca se llevaron a cabo.

Los últimos años del gobierno de José amenazaron con arruinar todo lo que había conseguido. Los problemas internos, así como la guerra con los otomanos, empujaron al Sacro Imperio Romano Germánico a una crisis en 1789. Bélgica estalló en revueltas y Bruselas fue tomada por los rebeldes. Estos declararon su independencia al año siguiente; mientras tanto, Hungría también se rebeló. En el Tirol se produjeron algunos problemas, principalmente por el servicio militar obligatorio. Prusia empezó a financiar a los rebeldes, y cuando se alió con Turquía, parecía que se preparaba para atacar directamente a la monarquía de los Habsburgo. José no tuvo más remedio que apaciguar a los rebeldes haciendo retroceder algunas de sus reformas. Hasta entonces, se había negado obstinadamente a la coronación en Hungría, ya que esta medida habría consolidado a Hungría como una unidad administrativa independiente. Finalmente, aceptó la coronación, e incluso restauró la Dieta croata que había desmontado previamente. José sabía que tenía que recurrir a la diplomacia debido a los problemas con Prusia, pero era consciente de que carecía de esta habilidad, por lo que pidió a Gran Bretaña que actuara como mediadora. En febrero de 1790, José murió de una enfermedad a la edad de cuarenta y ocho años.

Leopoldo II (1747-1792)

Emperador Leopoldo II

https://en.wikipedia.org/wiki/Leopold_II,_Holy_Roman_Emperor#/media/File:Heinrich_Federico_F%C3%BCger_007.png

Tras la muerte de José II, su hermano menor, Leopoldo, se convirtió en el jefe de la familia. Como gran duque de Toscana, Leopoldo tenía veinticinco años de experiencia en el gobierno, que se parecía más al estilo de su madre que al de su hermano. También era visionario y reformista, pero no estaba a favor del absolutismo de José, por lo que tuvo más éxito en la aplicación de las reformas en sus dominios. Cuando el emperador José II murió en 1790, Leopoldo heredó todos los títulos de su hermano y comenzó su gobierno, que tuvo lugar en medio de las rebeliones que asolaban todo el imperio. Hungría, Bélgica y Bohemia eran las más problemáticas, pero Leopoldo ni siquiera contaba con el ejército de los Habsburgo para pedir ayuda, ya que estaba luchando contra los otomanos en los Balcanes. Tuvo que utilizar su agudo instinto político para hacer frente a los rebeldes, y tuvo éxito, principalmente por sus tendencias constitucionales. Durante el gobierno de José, en 1784, llegó a redactar una propuesta de constitución en Toscana, pero José se lo impidió. Leopoldo era un hombre culto e inteligente, y no cabe duda de que su reinado habría sido increíblemente exitoso si no hubiera durado solo dos años.

Una vez que Leopoldo subió al trono imperial en 1790, deshizo algunas de las políticas de José, especialmente las que tenían tendencia a enardecer al pueblo, tanto a los campesinos como a los nobles. Revocó los nuevos impuestos aplicados por su predecesor y devolvió el poder de recaudación a los estamentos. Leopoldo también puso fin al reclutamiento militar en el Tirol, pacificando al pueblo. Las reformas agrarias que habían enemistado a los terratenientes también se evaporaron, pero Leopoldo mantuvo las protecciones a los campesinos para evitar otra rebelión. Para descentralizar el gobierno, permitió que las dietas locales gestionaran los asuntos locales, permitiéndoles incluso hacerlo en sus lenguas nativas. En Hungría, tuvo que prometer que respetaría las promesas anteriores hechas a los nobles, que respetaría la constitución tradicional húngara y que sería coronado como su rey. Lo mismo hizo en Bohemia. Haciendo todo esto, Leopoldo consiguió sofocar importantes levantamientos en Hungría, Bélgica y Bohemia a finales de 1790.

Leopoldo fue muy cuidadoso en lo que respecta a la política exterior. Nuevas negociaciones con Prusia y Turquía pusieron fin a las guerras en los Balcanes, liberando al ejército de los Habsburgo. Leopoldo aceptó renunciar a las últimas ganancias territoriales en la guerra con los otomanos y, a cambio, Prusia prometió que no financiaría rebeliones contra la monarquía. Leopoldo consiguió apaciguar las amenazas exteriores de la monarquía, pero todavía tenía que vigilar de cerca a Francia, donde se estaba gestando una revolución. Quería que los reinos de los Habsburgo se mantuvieran neutrales en los conflictos internos de Francia, pero tenía que ser cauto para no permitir que las ideas revolucionarias traspasaran la frontera. No le preocupaba especialmente porque algunos de los cambios que los revolucionarios proponían en Francia ya se estaban aplicando en todo el imperio. En las primeras etapas de la Revolución francesa, Leopoldo incluso hizo comentarios positivos sobre ella, diciendo que era un buen modelo de comunicación entre el soberano y el pueblo. Sin embargo, su hermana, María Antonieta, reina de Francia, era un lastre. Leopoldo le aconsejó que convenciera a su marido, Luis XVI, para que aceptara la constitución propuesta, pero el rey de Francia se negó y huyó de París en 1791. Por solidaridad con su hermana, Leopoldo tuvo que modificar su posición, y en 1791, junto con Federico Guillermo II de Prusia, emitió la Declaración de Pillnitz. En ella, pedían que Luis regresara a París y asumiera su gobierno como rey.

Leopoldo murió repentinamente en marzo de 1792. No se sabe cómo murió; aunque lo más probable es que fuera por causas naturales, algunos sospechan que fue envenenado. Su hijo, Francisco II, frenaría la política reformista de su padre y de su tío, cambiando el curso de la historia de los Habsburgo.

Capítulo 7 - La Revolución y la disolución del Imperio

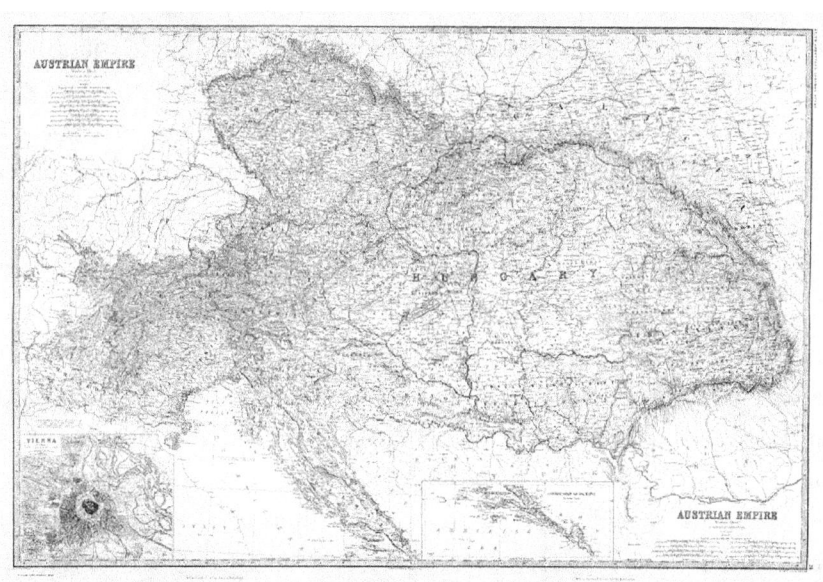

El Imperio austriaco en la década de 1850
https://en.wikipedia.org/wiki/Austrian_Empire#/media/File:Austrian _Empire_(Johnston,_1861).jpg

En 1793, Luis XVI, rey de Francia, fue ejecutado. Ese mismo año, su esposa, María Antonieta, corrió la misma suerte. Los gobernantes europeos se sorprendieron al ver hasta dónde estaba dispuesto a llegar el pueblo para lograr sus objetivos de una república constitucional. De repente, ningún gobernante se sintió seguro, y los Habsburgo quizá fueron los que más sintieron ese miedo, ya que estaban estrechamente relacionados con la reina francesa. Quizá por ello, el nuevo emperador del Sacro Imperio Romano Germánico, Francisco II, defendió con ardor el tradicionalismo, la autocracia y el conservadurismo. Rechazaba las nuevas ideas de progreso y exigía obediencia como gobernante del mayor imperio europeo. Hasta el final de su vida, se resistió al cambio y se convirtió en el símbolo de la hostilidad de los Habsburgo hacia las ideas revolucionarias, a pesar de que sus predecesores gobernaron con una mentalidad más progresista. Después del tradicionalista Francisco, su débil hijo, Fernando I, gobernó de forma pasiva, dejando Austria en manos de sus consejeros. Pero incluso con su buen carácter y sus buenas intenciones, Fernando no logró evitar que la revolución consumiera su reino.

El gobierno de Francisco supuso la disolución del Sacro Imperio Romano Germánico y la creación de la Confederación Germánica, pero aun así, los Habsburgo siguieron gobernando sus tierras hereditarias, proclamando a Austria como su imperio. Su merecido prestigio permitió que un Habsburgo se convirtiera en el primer presidente de la Confederación Alemana, y siguieron gobernando como reyes de Hungría, Croacia y Bohemia. Sin embargo, el fracaso del Sacro Imperio Romano Germánico fue el preludio de la caída de la dinastía y de las revoluciones de 1848, que envolvieron a toda Europa.

Francisco II (1768-1835)

Francisco I de Austria

https://en.wikipedia.org/wiki/Francis_II,_Holy_Roman_Emperor#/ media/File:P%C3%B6rtr%C3%A4t_Kaiser_Francis_I_ von_%C3%96sterreich.jpg

Francisco gobernó como emperador Francisco II del Sacro Imperio Romano Germánico, pero también como emperador Francisco I de Austria. Destacó por su capacidad para hacerse con el poder real y luchar con éxito tanto contra la Francia revolucionaria como contra la napoleónica. Francisco perdió todas las batallas contra Napoleón Bonaparte, pero su gran voluntad de lucha acabó por darle el triunfo. Sobrevivió a Napoleón, pero comparado con él, Francisco era indigno del papel que se le otorgó. No era, ni mucho menos, poco inteligente, pero sí de mente estrecha. Francisco recibió la educación ilustrada tan popular en su juventud, pero se mantuvo impasible ante ella. Sin embargo, consiguió gobernar sin ser un déspota. Creía firmemente en el imperio de la ley, e incluso llevó a cabo algunas reformas legales en 1803 y 1811 para mejorar el sistema jurídico. Pero la actitud de su gobierno era de centralización, y exigía obediencia, ignorando las ideas innovadoras de sus asesores. Pero aunque no era un líder políticamente brillante, de alguna manera consiguió que sus súbditos le quisieran. Francisco siempre supo relacionarse con el pueblo llano. Tal vez tenga algo que ver con el establecimiento de la corte de "puertas abiertas", a la que todos podían acudir y contarle lo que les preocupaba. Además, durante la epidemia de cólera de 1831, Francisco visitó los hospitales y saludó personalmente a los enfermos. Era conocido por amar el estilo de vida modesto y ser generoso con los necesitados.

La astucia de Francisco en política puede explicarse por su inexperiencia. Solo tenía veintitrés años cuando sucedió al trono imperial y estalló el conflicto en Francia. La revolución suponía una seria amenaza para el régimen monárquico establecido en Austria, pero debido a la falta de experiencia, Francisco reaccionó con abierta hostilidad. Una vez que vio lo que le ocurrió a Luis XVI y a su tía, María Antonieta, temió que le ocurriera un destino similar si permitía que la revolución se extendiera por las fronteras. Por ello, su único objetivo fue reprimir explícitamente la revolución. Bajo su mandato, Austria se convirtió en un símbolo de resistencia, abrazando el viejo orden aristocrático en lugar de las nuevas ideas republicanas.

Desde la Declaración de Pillnitz, Francia anticipó un ataque a sus territorios, ya que Prusia y Austria querían reinstalar la monarquía en Francia. Para evitar el ataque del ejército austro-prusiano, Francia lanzó su propio ataque, iniciando lo que se conocería como las Guerras revolucionarias francesas (1792-1802). En la primera etapa del conflicto, conocida como la Primera guerra de Coalición, Gran Bretaña, el Sacro Imperio Romano Germánico y Rusia se unieron al conflicto, cada uno con diferentes motivos. Mientras que algunos querían detener la propagación de la revolución, otros veían un beneficio territorial personal al atacar a Francia. Pero durante la mayor parte del conflicto, Francia fue la que ganó, y se hizo con Bélgica y algunas partes de Renania en 1795. Prusia firmó una paz por separado, y Austria tuvo que planificar sus batallas sin la ayuda prusiana. Aunque el comandante militar de los Habsburgo, el archiduque Carlos (hermano menor de Francisco), ganó algunas de las batallas importantes contra Francia, no pudo frustrar el rápido ascenso de Napoleón Bonaparte después de 1796. El genio militar corso ganó impresionantes batallas contra Austria en Italia, expulsando a los Habsburgo de Lombardía. En 1797, Austria se vio obligada a firmar el Tratado de Campo Formio, en el que Francisco entregó Bélgica y algunas partes de Italia. En particular, Francisco II obtuvo Venecia y los territorios de Istria y Dalmacia. Pero este tratado no fue una paz definitiva. Francisco lo utilizó para ganar tiempo y planear el siguiente ataque. La oportunidad se presentó en 1799, cuando Napoleón dirigió su decepcionante misión en Egipto. Fue entonces cuando comenzó la segunda etapa de las Guerras revolucionarias francesas, conocida como la Segunda guerra de Coalición, pero para Austria no fue más exitosa que la primera. En 1800, las fuerzas austriacas fueron derrotadas en Marengo y Hohenlinden. En 1801 se firmó el Tratado de Lunéville, y Francisco tuvo que reconocer las ganancias francesas en Italia y su adquisición de Renania.

Francisco estaba decidido a luchar contra la revolución en el extranjero, y estaba igual de decidido a acabar rápidamente con cualquier agitación en su imperio. Inició una estricta vigilancia policial y una campaña de censura en los esfuerzos por suprimir la vida intelectual y política. Los periódicos y los grupos intelectuales fueron clausurados, e incluso las logias de masones fueron cerradas, ya que Francisco personalmente no confiaba en ellas. Sin embargo, el emperador sabía que debía tener cuidado de no utilizar demasiado poder e instigar a la gente a rebelarse. Por eso se abstuvo de tomar prisioneros políticos, y los que acabaron en las cárceles fueron bien tratados. No hubo ejecuciones y la monarquía, en general, mantuvo su sentimiento antirrevolucionario. Incluso los nobles más liberales de Austria creían que la Revolución francesa era demasiado extrema. Por ello, a Francisco no le resultó difícil reprimir cualquier signo temprano de resentimiento hacia el gobierno monárquico.

Sin embargo, el Sacro Imperio Romano Germánico tuvo que pagar un alto precio por su guerra con Francia, ya que la unidad alemana fue una víctima que nadie pudo prever. Alrededor de 1800 se produjo un repunte del patriotismo alemán, que los Habsburgo utilizaron en su beneficio, pero no supieron aprovecharlo para unir los objetivos políticos de los distintos príncipes alemanes. En la guerra contra Francia, Alemania no estaba unida porque cada líder territorial tenía sus propios objetivos. Baviera y Württemberg, por ejemplo, se volvieron hacia la órbita de influencia francesa, buscando la protección de Napoleón, cuya reputación estaba en alza. Cuando los Habsburgo sufrieron muchas derrotas contra Francia, fue una clara señal de que la dinastía ya no era capaz de proteger los intereses alemanes. Al fin y al cabo, los Habsburgo prestaban poca atención al Sacro Imperio Romano Germánico en su conjunto, concentrando sus esfuerzos en Austria. Napoleón y sus ministros de asuntos exteriores llegaron a ser tan influyentes en Alemania como cualquier otra dinastía germánica.

Varios acontecimientos más inspiraron la disolución del Sacro Imperio Romano Germánico. En 1804, Napoleón se declaró emperador de Francia, y Francisco lo tomó como una ofensa. No podía permitir que un plebeyo como Napoleón se colocara en un pedestal con igual prestigio que la antigua dinastía de los Habsburgo. Pero había un peligro real en Napoleón, y Francisco tenía razón al temer que el corso intentara tomar para sí el Sacro

Imperio Romano o destruirlo. Debido a estos temores, Francisco estableció el Imperio austriaco en agosto de 1804. Este nuevo imperio le dio un nuevo título, pero no cambió en absoluto la composición del Sacro Imperio Romano Germánico ni de las tierras de los Habsburgo. Francisco se aseguró de decir explícitamente en su proclamación que gobernaba varios estados y que prometía no cambiar ninguna de sus constituciones. Era una proclamación muy cuestionable desde el punto de vista legal, pero fue apoyada por los súbditos del reino, incluso en Hungría. Al proclamar a Austria como un imperio, Francisco se aseguró de que la dinastía de los Habsburgo mantendría los títulos imperiales sin importar lo que Napoleón consiguiera hacer con el Sacro Imperio Romano.

En 1805, Napoleón demostró la debilidad del nuevo Imperio austriaco cuando marchó con sus ejércitos hasta Viena y la ocupó. Esta ocupación formó parte de la Tercera guerra de Coalición, en la que también participaron Rusia y Gran Bretaña. Los Habsburgo huyeron de la ciudad, pero el archiduque Carlos montó un contraataque desviando el ejército de los Habsburgo desde Italia. Se encontraron con el ejército ruso y se produjo la batalla de Austerlitz en diciembre. Sin embargo, esta batalla resultó ser una de las peores derrotas para Austria porque el nuevo imperio se vio obligado a firmar la Paz de Presburgo, en la que Baviera y Württemberg se convirtieron en reinos separados. Estos nuevos reinos también recibieron varios territorios de los Habsburgo, como el Tirol y Vorarlberg. Austria también perdió los territorios del Adriático y Venecia, que había adquirido en 1797. Con la ocupación de Viena y la firma de este horrible tratado de paz, la dinastía de los Habsburgo sufrió una enorme humillación. En julio de 1806, dieciséis príncipes alemanes habían organizado una nueva confederación bajo la protección de Napoleón, conocida como la Confederación del Rin. Napoleón exigió que se le entregara la corona del Sacro Imperio Romano Germánico, pero Francisco no lo permitió. También era consciente de que no estaba en condiciones de defender el imperio, por lo que decidió que prefería acabar con el Sacro Imperio Romano Germánico antes que dejar que Napoleón se hiciera con el título imperial. El 6 de agosto de 1806, Francisco anunció la muerte del Sacro Imperio Romano Germánico, un imperio que había existido durante 1.006 años sin interrupción. Francisco trasladó todas las galas imperiales, junto con la corona, a Viena, ya que necesitaba que los Habsburgo conservaran el simbolismo del antiguo imperio.

En 1808, las hostilidades con Francia se reanudaron cuando Napoleón atacó la península ibérica. Rusia y Prusia declinaron unirse a la guerra, por lo que Austria tuvo que luchar sola, aunque fue financiada por Gran Bretaña. Austria fue derrotada, y el archiduque Carlos hizo la paz con Napoleón sin la aprobación de Francisco. Francisco aprovechó la ocasión para culpar de la derrota a su hermano, al que despidió del servicio imperial. Viena fue ocupada de nuevo por las tropas francesas, y los Habsburgo tuvieron que firmar otra paz humillante, en la que entregaron a Baviera (aliada de Napoleón) partes de la Alta Austria y Salzburgo, así como parte de Galicia y el Ducado de Varsovia. A Francia, Austria tuvo que ceder partes de Carintia, Carniola y toda Dalmacia. Con ello, Austria perdió su acceso al mar y se convirtió en un estado satélite francés, que limitó su ejército a solo 150.000 miembros. Pero quizá la peor humillación para Francisco fue el hecho de tener que casar a su hija, María Luisa, con Napoleón para sellar el tratado de paz.

Los siguientes cuarenta años de la historia de los Habsburgo estuvieron marcados por el liderazgo de su ministro de Asuntos Exteriores, Klemens von Metternich. Era un hábil diplomático, un reaccionario y un extraordinario titiritero político. Metternich estaba estrictamente en contra de la revolución y la igualdad porque creía que eran la razón del colapso de la estructura social y la monarquía existentes. Tampoco creía en el despotismo, porque creía firmemente que un monarca debía actuar según las leyes. Metternich nunca llegó a sustituir a Francisco II como gobernante de Austria, pero era muy testarudo y solía conseguir lo que quería. Sin embargo, Metternich era a menudo incapaz de cambiar su postura o de adaptarse a nuevas situaciones, y esos defectos acabarían por decidir el destino de Austria. En 1809, Metternich buscó la paz para que la monarquía de los Habsburgo pudiera recuperarse y reanudar después el conflicto con Francia.

Metternich persuadió a Francisco para que siguiera su forma de tratar con Francia, y ambos establecieron una relación de trabajo notablemente buena, pero Francisco demostró ser inteligente y no permitió que su ministro de Asuntos Exteriores tomara el control total. Tanto Metternich como Francisco creían profundamente en el conservadurismo y en el papel central del monarca. Así, limitaron la libertad de expresión, mantuvieron el control de la policía secreta y crearon nuevos ministros centrales, vinculados a diferentes reinos del imperio, como Hungría y Bohemia. En el plano internacional, Metternich se esforzó por vincular a Austria con las potencias extranjeras para crear alianzas contra Napoleón. Pero cuando Metternich anunció que Austria estaba dispuesta a volver al combate en 1809, Francisco se opuso a otra guerra. Los dos estaban en desacuerdo, y Metternich consiguió cambiar la opinión de Francisco poniéndolo en contra de su esposa antibélica, María Ludovica de Módena. Metternich ideó todo un plan sobre cómo reorganizar el orden mundial de la posguerra y convertir a Austria de los Habsburgo en la potencia central europea que tendría en sus manos el equilibrio del continente.

Sin embargo, en la batalla de Wagram, que tuvo lugar en julio de 1809, Austria fue derrotada y se vio obligada a firmar la paz con Napoleón. Una vez más, se convirtió en el Estado satélite de Francia. Pero esta renovada hostilidad fue muy costosa para Francia. Napoleón no quería forzar a Austria a entrar en conflicto con Rusia durante su ataque en 1812. Sin embargo, Austria envió unos 30.000 soldados para ayudar en la desastrosa campaña de Napoleón. En 1813 se formó la nueva Coalición, que incluía a Rusia, Prusia, Gran Bretaña, España, Portugal y Suecia contra Francia. Austria estuvo ligada a Napoleón hasta que Metternich encontró el momento oportuno para abandonar esta alianza forzada y unirse a la confederación. El ministro de Asuntos Exteriores austriaco era tan bueno en sus maquinaciones que, cuando Austria se unió a la guerra contra Francia en 1813, se encontró con un papel protagonista. En octubre de 1813, en la batalla de las Naciones, Napoleón fue finalmente derrotado. Las fuerzas de la Coalición marcharon hacia París y consiguieron tomarla en marzo de 1814. Al mes siguiente, Napoleón abdicó. El plan de Metternich se hizo realidad y Austria se convirtió no solo en el líder de la Coalición, sino también en el anfitrión del famoso congreso en el que se reordenaría toda Europa.

En el Congreso de Viena (1814-1815), Metternich consiguió la mayoría de las cosas que quería. El único problema era que no todo era bueno para Austria a largo plazo. El objetivo de Francia era devolver a Europa a lo que había sido antes de la Revolución francesa. Los líderes prerrevolucionarios debían ser devueltos a sus respectivos lugares, y debían prometer que mantendrían los límites de sus reinos. La idea era calibrar con precisión el equilibrio de poder en Europa. Se creó la nueva Confederación Alemana, con Austria a la cabeza; así se limitaron las ambiciones prusianas en Alemania. También se creó un nuevo Estado polaco, pero este era un satélite ruso. Los Habsburgo renunciaron a Bélgica, pero recuperaron Venecia y su antiguo territorio en el mar Adriático. Ni Francisco ni Metternich querían presionar para obtener más ganancias territoriales porque la monarquía necesitaba ser vista como neutral, no demasiado poderosa pero tampoco demasiado débil.

Puede que Metternich consiguiera la mayor parte de lo que deseaba, pero resultó ser un logro menor en retrospectiva. La nueva posición que Austria adquirió en Italia hizo que se implicara menos en Alemania. El auge del nacionalismo italiano creó una serie de problemas para los Habsburgo, y esto fue solo la punta del iceberg. Francisco y su ministro de Asuntos Exteriores devolvieron a Europa a su estado anterior a la década de 1790, pero no tuvieron en cuenta el flujo de ideas revolucionarias y el auge del nacionalismo y el liberalismo que la revolución había iniciado. El principal error de los Habsburgo fue suprimir los cambios políticos y sociales modernos en lugar de aprovecharlos para servir a sus objetivos personales. Así, el sistema de gobierno creado por Metternich después de 1815 no pudo durar mucho tiempo. Pero en los años que existió, sus objetivos principales fueron suprimir el nacionalismo y los sentimientos revolucionarios en los países de habla alemana e incluso en otros más amplios. Tanto Metternich como Francisco temían el nacionalismo porque tendía a reclamar la soberanía popular, lo que lo convertía en un verdadero enemigo de la monarquía. Austria, Prusia y Rusia establecieron una alianza en la que debían ayudarse mutuamente a combatir las revoluciones, y así lo hicieron a principios de la década de 1820 en Nápoles y Piamonte.

A nivel interno, Austria entró en un periodo conocido como el Biedermeier austriaco, que fue un periodo muy pacífico. Debido a este cumplimiento en Austria, la monarquía se estancó. El sistema de gobierno era puramente conservador y otorgaba al monarca un poder totalmente centralizado. Durante los últimos veinte años de su gobierno, Francisco llevó a cabo algunas reformas, como la formación del Banco Nacional de Austria en 1816 y la expansión de la educación, que ahora incluía a las jóvenes. Pero en otros ámbitos, como el militar, no hubo interés por mejorar. El ejército estaba crónicamente infradotado y Austria carecía constantemente de soldados, necesarios para la defensa. Esto socavaba las pretensiones de Austria de ser una superpotencia europea. Aunque la dinastía de los Habsburgo seguía resistiendo los cambios que se producían en toda Europa, la monarquía era estable, ya que sus súbditos respetaban a Francisco.

Debido a su terquedad conservadora, Austria se quedó atrás respecto a otras potencias occidentales en el ámbito de la industrialización y la economía. Austria propiamente dicha y Bohemia experimentaron mejoras industriales, pero Hungría siguió siendo principalmente agrícola. Algunas regiones, como Lombardía y Bohemia, tuvieron un desarrollo vibrante, pero otras partes del imperio no tuvieron tanta suerte. Las máquinas de vapor se utilizaban ampliamente en todo el imperio en 1830, pero solo Bohemia consiguió industrializar completamente su producción textil. La minería estaba en auge en todas partes, pero, de nuevo, el desarrollo industrial de Bohemia permitió que esta región representara el 50% de la producción total de carbón del Imperio austriaco. Por ello, en 1832 se inauguró el primer ferrocarril de la monarquía entre Linz y České Budějovice. Bohemia necesitaba estar conectada con los mercados extranjeros, y se excavaron canales que conectaban el Danubio y el Moldava con el Elba. Estas mejoras en el transporte sirvieron también a Hungría, que accedió a estos mercados para su producción agrícola. Francisco se interesó personalmente por estos desarrollos industriales y trató de fomentar la expansión de las carreteras y el ferrocarril.

El desarrollo industrial provocó un aumento de la población, y la monarquía tuvo que hacer frente repentinamente a los nuevos cambios sociales. En 1848, la monarquía contaba con 34 millones de habitantes, de los cuales Viena tenía más de 360.000 y Praga más de 115.000 personas. El Imperio austriaco seguía siendo un mosaico de diferentes nacionalidades y era el país más diverso de Europa. Solo en Viena se podían encontrar austriacos, croatas, serbios, moldavos, valacos, polacos, turcos y griegos, por nombrar solo algunos. Pero en la época de las reformas sociales, esto no era necesariamente bueno. Todas las minorías exigían derechos; sin embargo, la mayoría de ellas, al menos por el momento, permanecieron fieles a la monarquía. Crearon una nueva capa de la sociedad, una burguesía creciente, y se unificaron gracias a la lengua alemana como medio de comunicación común. Algunos de ellos eran ricos capitalistas, mientras que otros eran funcionarios de clase media. Bajo este nuevo estrato de la clase media había una clase obrera, pequeña pero en constante crecimiento, que vivía y trabajaba en duras condiciones. Tenían que pasar hasta catorce horas al día en las fábricas, e incluso los niños tenían que trabajar. Sin embargo, en 1839 se hicieron algunos esfuerzos para mejorar sus condiciones. Se abolió el trabajo infantil y se redujeron las horas de trabajo a doce al día. Pero esto no fue suficiente, y empezaron a producirse revueltas de los trabajadores. En 1840, en Praga, se celebró una gran manifestación obrera en la que la gente atacó y desmanteló la maquinaria de las fábricas.

Además de la cambiante estructura social de la monarquía, los acontecimientos internacionales también socavaron el sistema de gobierno conservador establecido por Metternich. Se celebraron varios congresos internacionales en Aquisgrán (1818), Troppau (1819), Liubliana (1820) y Verona (1821), pero todos ellos no lograron cambiar la visión política de Europa. En el congreso de Liubliana se decidió que Austria interviniera en la revuelta popular de Nápoles, pero esta acción solo hizo que los liberales de toda Europa odiaran a la monarquía y al emperador Francisco I. Cuando el congreso de Verona decidió que Francia debía reprimir la revuelta en España, Gran Bretaña se retiró, haciendo que la influencia de Rusia en los asuntos europeos fuera demasiado fuerte. El equilibrio de poder se perdió. Las nuevas revoluciones en Francia, Bélgica y Polonia empezaron a causar nuevos problemas a Metternich y Francisco. Intentaron sellar las partes de Polonia de los Habsburgo para evitar que las ideas revolucionarias se filtraran en el imperio.

Francisco seguía siendo popular en la Confederación Germánica, y muchos incluso lo consideraban emperador de un renovado Sacro Imperio Romano. Sin embargo, la influencia prusiana no dejaba de crecer, y la política de Metternich no ayudaba mucho a la situación. Además, Francisco seguía sin interesarse por los asuntos de la Confederación Alemana, y concentraba sus esfuerzos en sus tierras hereditarias y en la base de poder de los Habsburgo en Austria. En 1830, empezaron a surgir nuevos rumores sobre una posible guerra con Francia, y el pueblo se dio cuenta de que Austria tenía muy poco que ofrecer porque descuidaba completamente su ejército. Prusia, en cambio, fue capaz de reunir una enorme fuerza y montar una defensa adecuada. De repente, Prusia fue considerada la principal defensora de la Confederación Alemana y su influencia se disparó. Austria comenzó a ser excluida de las integraciones económicas de varios estados alemanes, que ahora eran liderados por Prusia. Metternich se dio cuenta finalmente de que su política anterior estaba fracasando, ya que Prusia se había convertido en una superpotencia.

Los renovados movimientos revolucionarios en Italia y Hungría fueron un interludio a la explosión de 1848, el año de las revoluciones. El nacionalismo y el liberalismo no cesaban de crecer, a pesar de los esfuerzos de Austria por reprimirlos. La élite comenzó a reunir a la población en torno a sí, reclamando la autonomía nacional. Francisco y Metternich temían los sentimientos autonomistas de Hungría, y temían que los liberales impulsaran la independencia total de su Estado. Para evitarlo, establecieron un control central sobre el gobierno húngaro, aumentaron la censura y utilizaron la policía secreta para reprimir a los activistas liberales. Pero Hungría también tenía problemas internos. Mientras los húngaros exigían la libertad nacional respecto al imperio, los croatas y otras nacionalidades dentro de Hungría exigían sus libertades constitucionales. Todas estas tensiones llevaron a Francisco a la paranoia durante sus últimos años. Tanto él como Metternich sabían que el hijo mayor de Francisco, Fernando, no era capaz de gobernar. Sin embargo, la paranoia de una posible revolución les hizo impulsar el principio de primogenitura. A finales de la década de 1820, comenzaron a incluir a Fernando en los consejos imperiales, con la esperanza de prepararlo para la sucesión. En 1830, fue coronado como rey de Hungría, lo que significaba que era el sucesor legal de su padre en el trono imperial de Austria. Cuando Francisco estaba en su lecho de muerte, en 1835, dejó una serie de instrucciones para Fernando, en las que le instaba a no cambiar nada en el Estado y a mantener los principios conservadores del régimen monárquico. Francisco también le dijo a su hijo que confiara en Metternich y se apoyara en sus consejos. El 2 de marzo de 1835, tras cuarenta y dos años de gobierno, Francisco II murió. El último emperador del Sacro Imperio Romano Germánico y primer emperador de Austria fue muy querido por su pueblo, que visitó continuamente su ataúd durante los tres días posteriores a su muerte. Aunque era muy apreciado por sus contemporáneos, la historia lo recuerda como un monarca obstinado que no supo adaptarse a los cambios de la época.

Fernando I de Austria (1793-1875)

Fernando I, antiguo emperador de Austria, en la década de 1870
https://en.wikipedia.org/wiki/Ferdinand_I_of_Austria#/media/
File:Ferdinando_I_d'Austria.jpg

Como hijo mayor de Francisco II y su esposa, María Teresa de Sicilia y Nápoles, Fernando era el sucesor del trono imperial de Austria. Sin embargo, debido a sus numerosas enfermedades y posibles discapacidades intelectuales, no era apto para gobernar. Francisco y su esposa eran primos, y es posible que debido a su cercanía genética, Fernando naciera con epilepsia y encefalitis. Los historiadores modernos sospechan que sus capacidades mentales estaban intactas porque tenía un diario muy preciso y bien escrito, hablaba cinco idiomas, tocaba excelentemente el piano y estudiaba botánica. Aun así, Fernando sufría una veintena de convulsiones al día, lo que era suficiente para que no pudiera gobernar con eficacia. Por ello, su padre redactó un testamento antes de su muerte, en el que instaba a Fernando a tomar como consejeros a su tío, el archiduque Luis de Austria, al ministro de Asuntos Exteriores Metternich y al ministro de Asuntos Internos, el conde Francis Anton von Kolowrat. Pero los tres hombres nunca se llevaron bien y no pudieron trabajar juntos, razón por la cual el Imperio austriaco se mantuvo en estado de inmovilidad hasta los acontecimientos de 1848.

Se puede ver que Fernando tenía capacidad mental en algunas de sus acciones, como cuando decidió no seguir los consejos de Metternich. El emperador se dio cuenta de que su asesor era partidario del conservadurismo, y pensó que no había lugar para él en los tiempos modernos. Fernando hizo del liberal conde Kolowrat su principal asesor, y permitió que su tío y su hermano, los archiduques Luis y Francisco Carlos, ayudaran a influir en sus decisiones. Pero Metternich seguía en el poder, y sus ideas de progreso eran muy diferentes a las del conde Kolowrat. Los dos se quejaban a menudo el uno del otro y no conseguían avanzar.

Sin embargo, Austria siguió desarrollándose, ya que se construyeron más ferrocarriles y se levantaron nuevas fábricas. En 1847 se fundó la Academia Austriaca de las Ciencias y el Estado implantó leyes muy estrictas sobre el trabajo infantil. Pero la autoridad del emperador comenzó a declinar dentro del imperio, así como fuera de él. Metternich continuó interfiriendo en la política exterior de Austria mientras se esforzaba por preservar el equilibrio de poder europeo y la monarquía. Sin embargo, el ministro de Asuntos Exteriores continuó con su actitud hostil hacia los países más liberales y nacionalistas, lo que hizo que su sistema de diplomacia quedara fuera de lugar. Gran Bretaña, bajo el liderazgo del Primer Ministro Lord Palmerston, pidió a todas las monarquías europeas que adoptaran el régimen constitucional. Incluso Prusia y Rusia aflojaron su control del poder introduciendo algunas reformas liberales, pero en Austria, poco cambió. Por ello, Austria fue ignorada en su mayor parte en la política europea. A nivel interno, la población austriaca empezó a resentirse con la monarquía porque sus condiciones económicas se deterioraron rápidamente tras las malas cosechas de 1845. Además del hambre, faltaban puestos de trabajo en todo el imperio, y la monarquía decidió en ese momento subir los impuestos. El pueblo estaba indignado.

Estos fracasos económicos estuvieron a punto de llevar al país a proclamar la bancarrota en 1847, ya que el 30% de su presupuesto fue engullido por los servicios de la deuda. Los nobles de Bohemia, Moravia y la Baja Austria reclamaron el acceso al presupuesto del Estado, así como el fin de la censura. Los nobles conservadores querían frenar las reformas liberales impulsadas por Kolowrat, mientras que los liberales exigían un régimen constitucional. Los burgueses, cada vez más numerosos, pedían el fin del régimen autocrático, pero apenas había deseos de derrocar completamente a la monarquía. La mayoría de la gente seguía siendo leal al emperador y a la dinastía, aunque deseaba cambios políticos.

Otro factor que inquietaba a la monarquía austriaca era el creciente nacionalismo en el imperio. El principal problema era Hungría, que contaba con varias facciones, compuestas en su mayoría por la nobleza. Mientras que los moderados solo querían una relación más laxa con Viena, así como un desarrollo cultural húngaro basado en la lengua, los radicales exigían una independencia total de Austria. Pero, como ya se ha dicho, en Hungría había minorías que exigían cosas similares. Por lo tanto, los nobles húngaros tenían que ser cuidadosos en sus maquinaciones, ya que no querían perturbar a las numerosas etnias que vivían dentro del Estado. Los radicales eran muy ruidosos y exigían el derecho a gobernar sobre todas las minorías de su reino, mientras que los moderados querían cambios más lentos y la institución de la lengua húngara, una administración y una educación separadas. A diferencia de los radicales, estaban dispuestos a permitir que Austria siguiera administrando las minorías del reino húngaro. Los croatas eran el mayor problema de Hungría porque los nobles croatas insistían en que Croacia era un estado histórico que merecía los mismos derechos de administración que Hungría. Los checos de Bohemia también se dedicaron al nacionalismo, pero este nacionalismo pasó de ser un movimiento cultural a uno político. Los nacionalistas checos eran muy antialemanes, pero en sus inicios también se abstuvieron de criticar el dominio de los Habsburgo. Pero quizás la región más separatista del imperio fue Italia. Allí, los radicales eran mayoría y pedían la independencia inmediata, aunque el activismo político radical se limitaba a las sociedades secretas. No obstante, los italianos eran los que más se quejaban del régimen autocrático y de los elevados impuestos.

En los años anteriores a 1848, estos sentimientos nacionalistas acababan de surgir. Todavía no se consideraban la base de las comunidades políticas, pero eso cambiaría pronto. El problema de los Habsburgo era que su imperio estaba formado por grupos étnicos dispersos que solo estaban débilmente conectados por una cultura europea común y por las instituciones vienesas. Solo existía un frágil sentimiento de unidad entre alemanes, italianos, polacos, húngaros, checos, croatas, serbios, rumanos, etc. La dinastía de los Habsburgo era la conexión más fuerte que compartían porque todos estaban gobernados por el mismo emperador. Sin embargo, más allá de eso, no había casi nada que mantuviera unidos a estos pueblos. Por ello, los movimientos nacionalistas reivindicaban el derecho a la autogestión, pero los Habsburgo también reclamaban su derecho histórico a gobernarlos a todos.

Este enfrentamiento entre la monarquía y el pueblo acabó provocando las revoluciones de 1848. Pero en el caso de Austria, apenas se puede hablar de revoluciones, ya que el pueblo se levantó contra la dinastía solo en Hungría e Italia. Los demás reinos del imperio siguieron siendo pro Habsburgo. Se limitaron a exigir cambios políticos que condujeran a la formación de una monarquía constitucional en lugar de una autocrática. El otro problema de las "revoluciones" en el Imperio austriaco fue la falta de unidad entre los diferentes grupos nacionalistas. Cada uno de ellos tenía sus propias reivindicaciones y trabajaban por separado en la consecución de sus objetivos, aunque fueran muy similares.

La chispa principal de las revoluciones de 1848, que envolvieron a toda Europa, provino de París. En Viena hubo algunos disturbios a principios de marzo, pero se intensificaron rápidamente. El 13 de marzo, una gran masa de gente se dirigió hacia la cancillería. Para evitar que las masas asaltaran las oficinas imperiales, los soldados les dispararon, pero las protestas continuaron. El círculo íntimo de los Habsburgo decidió que había que apaciguar a los liberales y, para ello, Metternich debía marcharse. Escapó de la ciudad al día siguiente, pero las masas continuaron, intensificando la revolución. En varias ciudades, la gente tomó el control de la policía y empezó a aplicar la justicia por su cuenta. Pero la mayoría de las personas que protestaron presionaron por una constitución. En Hungría, unas 20.000 personas marcharon hacia el castillo de Buda, símbolo del dominio imperial sobre su reino. En Bohemia, los liberales exigieron una administración separada, similar a la que tenía Hungría. En Polonia, los intelectuales liberales de Lviv y Cracovia exigieron una constitución y cambios políticos. Pero algunas de las reivindicaciones eran las mismas para todos los grupos, como la libertad para los presos políticos, los juicios con jurado, el fin de la censura, la libertad de expresión, la abolición de la servidumbre y de las exenciones fiscales para la nobleza basadas en el modelo húngaro, y la creación de asambleas legislativas que representaran los intereses de los grupos nacionales.

Para responder a algunas de estas demandas, los representantes imperiales intentaron redactar una constitución para las tierras hereditarias de los Habsburgo, pero no tuvieron en cuenta el sufragio ni la creación de un parlamento. El proyecto de constitución fue rechazado por el pueblo. Durante el mes de mayo estallaron en Viena disturbios aún más violentos y la familia real se vio obligada a huir a Innsbruck. Al día siguiente, la dinastía propuso la creación de un parlamento, y en junio se celebraron las primeras elecciones. Esta primera asamblea se conoce como el Parlamento de Kremsier, llamado así por el nombre alemán de la ciudad en Moravia. El parlamento era una asamblea plurinacional e interclasista, pero no fue realmente eficaz.

A estas alturas, la corte real se celebraba en la cercana ciudad de Olomouc, y el archiduque Juan fue proclamado virrey oficial del Imperio austriaco. Pero el gobierno estaba en manos de varios miembros de la dinastía, entre ellos la archiduquesa Sofía, esposa del hermano del emperador, Francisco Carlos. Sofía quería que su hijo ocupara el trono y convenció a su marido para que renunciara a sus derechos. Cuando su hijo, Francisco José, subió al trono, Sofía le ayudó en los asuntos de Estado.

El gobierno húngaro se separó de Austria con la introducción de las Leyes de Abril, que declaraban una monarquía constitucional. Esto disminuyó significativamente los poderes monárquicos de la dinastía dentro de Hungría, pero el mayor peligro fue cuando Bohemia exigió leyes similares. De repente, la dinastía corría el riesgo de perder su dominio imperial sobre varios reinos. Pronto, los croatas, los serbios y los rumanos exigieron su autonomía, no solo del Imperio austriaco, sino también del reino de Hungría. En Bohemia, la revolución estuvo marcada por la división entre checos y alemanes, pero la mayoría del pueblo era pro Habsburgo, ya que el emperador era un símbolo de unidad, sin importar la etnia o la clase social. El líder de los moderados checos y del renacimiento nacional checo, Frantisek Palacky, hizo un famoso comentario: «si Austria no existiera, habría que haberla inventado». Se refería a la capacidad de los Habsburgo para mantener unidas a todas las naciones. Los checos aspiraban a federalizar el imperio y poner a Bohemia en pie de igualdad con las monarquías de Austria y Hungría, pero la dinastía no lo permitía. En junio, el levantamiento de Bohemia fue aplastado por el ejército de los Habsburgo.

Italia presionaba para derrocar al Imperio austriaco. La aristocracia italiana consideraba que Austria la excluía de la política, y fueron los líderes de los levantamientos en Milán y Venecia. El ejército austriaco fue empujado hacia el norte por los sublevados, y Carlos Alberto, el rey de Piamonte-Cerdeña, lanzó un ataque. Su objetivo era unificar toda la península italiana bajo su dominio. Pero en julio de 1848, el ejército piamontés fue derrotado en Custoza y de nuevo en Novara ese mismo año. Con ello, el levantamiento italiano terminó. La dinastía de los Habsburgo también trató de poner fin a la revolución húngara y someterla a un gobierno imperial centralizado a finales de 1848, pero este conflicto fue testigo de muchas batallas indecisas hasta la sucesión de Francisco José I.

Fernando no influyó en los acontecimientos de las revoluciones de 1848. Fue un mero espectador, y el gobierno fue dirigido por sus consejeros, regentes y primos. Pero durante los primeros días de 1848, el emperador estaba dispuesto a hacer grandes concesiones liberales, a las que la dinastía se oponía firmemente. Esta puede haber sido la verdadera razón de su expulsión de Viena. En Innsbruck, Fernando no estaba en condiciones de causar problemas a sus familiares más ambiciosos. En noviembre de 1848, los Habsburgo decidieron un nuevo gabinete de gobierno que dirigiría el imperio en el futuro. Pero para restablecer el control de los reinos, Austria necesitaba un nuevo emperador. En diciembre, Fernando fue convencido de abdicar en favor de su sobrino,

Francisco José. El viejo emperador y su esposa decidieron retirarse a su querida Bohemia, donde pasaron los siguientes veinte años viviendo una vida tranquila pero feliz. Pero la abdicación de Fernando no influyó en la revolución en curso como esperaba su sucesor. Francisco José pasó sus primeros años en el trono intentando reafirmar el absolutismo en todo el imperio, pero los revolucionarios siguieron desafiándolo.

Capítulo 8 - La Gran Guerra y el fin de la dinastía

Cartel de propaganda francesa de 1917

https://en.wikipedia.org/wiki/Austro-Hungarian_entry_into_World_War_I#/media/File:Maurice_Neumont,_War_is_the_National_Industry_of_Prussia,_1917,_Cornell_CUL_PJM_1185_01.jpg

La revolución en Austria trajo algunos cambios, pero fue sobre todo un revés para el gobierno dinástico conservador de Francisco José I. El nuevo emperador se vio constantemente desafiado y tuvo que luchar por su prerrogativa imperial durante sus casi sesenta y ocho años de gobierno. El monarca de finales del siglo XIX tuvo que adaptarse a medida que el pensamiento político moderno consumía Europa. Y Francisco se adaptó, aunque nunca dejó de soñar con el poder absoluto que tenían sus predecesores. Las últimas siete décadas del poder de los Habsburgo fueron un periodo de modernización, pero también de resistencia a la modernización. La sociedad, la cultura, la economía y la industria experimentaban rápidos cambios, pero los monarcas, anclados en sus viejas costumbres, eran incapaces de seguir estos cambios. Las clases sociales medias y bajas comenzaron a imponerse en la política, y la dinastía tardó en reaccionar ante ello. El creciente nacionalismo también siguió fragmentando el imperio, y los soberanos no pudieron hacer otra cosa que ver cómo el poder se desplazaba de sus manos a las del pueblo. El último esfuerzo de la dinastía de los Habsburgo por hacer valer su poder monárquico sobre sus reinos tuvo como resultado el estallido de la Gran Guerra, en la que participaron todas las grandes potencias del mundo. Esta guerra también fue conocida como la Primera Guerra Mundial, y fue la última que vería la dinastía, ya que fue la guerra que hizo caer a los Habsburgo.

Francisco José I (1830-1916)

Emperador Francisco José
https://en.wikipedia.org/wiki/Franz_Joseph_I_of_Austria#/media/ File:Emperor_Francis_Joseph.jpg

Francisco José I tenía un gran sentido del deber, de la propiedad y de la legitimidad de su dinastía. A lo largo de su largo gobierno, trató continuamente de afirmar su poder imperial. Este conservadurismo se refleja en su comportamiento, ya que el emperador se negó a instalar un baño moderno en sus aposentos o incluso a dormir en una cama adecuada. En su lugar, durmió toda su vida en una vieja cama de hierro de uso militar. Se negó a reconocer la modernización en su vida privada y en su política. Francisco no era un intelectual, pero su sentido del deber le empujaba hacia adelante, y trabajaba cada día en muchos asuntos imperiales. Se cree que llegó a ocuparse de hasta 4.000 documentos oficiales en un año. La educación del archiduque Francisco estuvo influenciada por su madre, la archiduquesa Sofía, que era políticamente activa incluso antes de que él se convirtiera en emperador. Era tradicionalista y estaba firmemente en contra de la federalización del imperio. Otra persona que supervisó la educación de Francisco fue Metternich, conocido por su conservadurismo. A diferencia de otros Habsburgo, Francisco nunca aprendió a apreciar el arte y la música. En cambio, prefirió la vida militar y la simple domesticidad.

La abdicación de Fernando I y la sucesión de Francisco José fueron orquestadas por la archiduquesa Sofía y el nuevo ministro principal, Félix Schwarzenberg, con el objetivo de poner fin a las revoluciones en las que estaba sumido el Imperio austriaco. Francisco tenía entonces solo dieciocho años, y sus asesores pensaron que una cara fresca y joven en el trono imperial convencería al pueblo de las intenciones modernas de la dinastía. Sin embargo, debido a la juventud del emperador, Sofía y Schwarzenberg siguieron siendo la principal influencia en la política austriaca. Tras su sucesión, Francisco tuvo que lidiar con la supresión de las revoluciones restantes. Mientras que las de Viena y Praga ya habían sido resueltas en octubre de 1848, las de Hungría e Italia seguían siendo problemáticas. En marzo de 1849, los Habsburgo fueron restaurados en el poder en Italia, pero los nobles húngaros se negaron a reconocer la autoridad de Francisco José porque no había sido coronado como rey de Hungría. En marzo se anunció una nueva constitución, que pretendía sustituir a la anterior de Kremsier. Pero el emperador no llegó a aplicarla del todo porque no le gustaba que se viera obligado a colaborar con el Parlamento. En abril, Hungría declaró oficialmente su independencia y derrocó a la dinastía de los Habsburgo. Fue una medida drástica, y las potencias europeas no vieron con buenos ojos que se deshiciera de un monarca. Rusia fue la primera en amenazar con una intervención, ya que estaba gobernada por el muy conservador zar Nicolás I.

En junio de 1849, las tropas rusas invadieron Alemania, y Francisco se sintió humillado por necesitar ayuda exterior para recuperar uno de sus reinos. El ejército húngaro evitó enfrentarse a los rusos en una batalla abierta, pero la derrota final llegó porque Hungría era simplemente más débil que Austria y Rusia. Nunca atrajo a un aliado internacional y su industria no era lo suficientemente grande como para abastecer a todo el ejército por sí sola. En agosto, las fuerzas húngaras se rindieron, y Austria tomó represalias por la rebelión. Implantó un estado militar y capturó y ejecutó a todos los cabecillas de la rebelión. Austria fue tan despiadada que condenó a muerte a los líderes de la rebelión que lograron escapar, ahorcándolos en ausencia. Incluso los líderes moderados fueron ejecutados sin posibilidad de juicio. Los Habsburgo consiguieron finalmente acabar con las revoluciones, y los sueños de independencia de Italia y Hungría fueron aplastados. Pero algunos objetivos de los revolucionarios se lograron. Por ejemplo, se abolió la servidumbre, se politizaron los campesinos, los estudiantes y los trabajadores, y la asamblea representativa elegida compartió el poder con el monarca. A largo plazo, estos cambios supusieron la victoria absoluta de los revolucionarios. Los Habsburgo pensaron que habían ganado, pero en última instancia, estos cambios solo inspiraron el constitucionalismo y el nacionalismo en sus súbditos.

Durante la siguiente década, Francisco José se embarcó en una misión para reforzar su poder monárquico absolutista. El 31 de diciembre de 1851, Francisco promulgó una patente real conocida como la "Patente de Silvestre" (el nombre proviene de la palabra alemana para la víspera de Año Nuevo), cuya función era sustituir a la Constitución. La patente centralizaba la autoridad en manos de Francisco José restringiendo los juicios con jurado, en lugar de unir el sistema judicial con la administración imperial. El emperador obtuvo el derecho de nombrar a todos sus ministros y a la mayoría de los funcionarios de todo su reino. Anteriormente, esta función se asignaba a las autoridades regionales. El alemán volvió a ser la lengua principal de la administración, y también se convirtió en la lengua oficial de la educación, incluso en Hungría, donde sustituyó al magiar. Francisco también censuró la prensa, limitó la libertad de expresión y organizó juicios fuera de la vista del pueblo. Todas estas medidas estaban destinadas a restablecer el antiguo orden en el imperio y a preparar el terreno para fortalecer aún más la monarquía, tanto a nivel nacional como internacional. Francisco José gobernó como un dictador moderno, y su régimen absolutista duró hasta 1860. Se debe señalar que este régimen no abarcaba la forma en que Austria era antes de 1848. Francisco no se atrevió a restablecer el antiguo modelo de servidumbre. La modernización no pudo detenerse y la industria siguió desarrollándose. Francisco invirtió en reparar la economía del imperio y siguió invirtiendo en educación y sanidad. Su modelo de gobierno era similar al de María Teresa: gobernar para el pueblo, pero no por el pueblo. Sin embargo, Francisco José era un político inexperto y cometió varios errores cruciales que llevaron a la disolución de su autoridad.

En 1853, el debilitado imperio otomano inició la guerra de Crimea (1853-1856). Cuando los otomanos abandonaron el territorio balcánico, Rusia se interesó por él. Francisco estaba alarmado por la influencia rusa en los Balcanes, que estaba cerca de su imperio. Francisco hizo un pacto secreto con Prusia para atacar a Rusia, e incluso se dirigió a Gran Bretaña y Francia para convencerlas de que lucharan contra Rusia, que pretendía apoderarse de los territorios otomanos. Sin embargo, Gran Bretaña y Francia tenían objetivos diferentes, y aunque veían a Austria como un buen aliado, por el momento, nunca tuvieron la intención de que la alianza fuera duradera. Francia quería el territorio austriaco en Italia, y Gran Bretaña simplemente veía a Francisco como demasiado autoritario y restrictivo. Austria se encontró en el medio, justo entre Francia, Gran Bretaña y Rusia, y quedó bastante claro que Austria ya no era esencial para el mantenimiento del equilibrio de poder europeo. Cuando comenzó la guerra de Crimea, Austria apoyó oficialmente la alianza franco-británica, pero fue completamente ignorada. Francia y Gran Bretaña se aliaron con el Imperio otomano en un esfuerzo por impedir que Rusia se apoderara del territorio otomano, y aunque tuvieron éxito, no se pudo detener el fin definitivo del Imperio otomano, que se disolvió en 1922.

En Italia, el control austriaco era impopular entre la población y, en última instancia, esta impopularidad les costó a los Habsburgo sus posesiones en Lombardía. Cuando los Habsburgo derrotaron a los revolucionarios en 1849, su reputación no hizo más que empeorar. Cuando Francisco José realizó una visita de Estado a Venecia en 1856, la nobleza se atrevió a rechazar abiertamente la invitación de la corte. Era odiado como gobernante, y no hizo casi nada para cambiar la opinión de la gente sobre su dinastía. Este odio hacia los Habsburgo fue notado por los gobernantes vecinos, y el primer ministro de Cerdeña-Piamonte, Camillo Benso, conde de Cavour, hizo un trato con Napoleón III de Francia para apoyar la guerra contra Austria. Benso soñaba con una Italia unificada, y propuso las negociaciones a Francisco antes de lanzar un ataque. Los Habsburgo contaban con el apoyo de Gran Bretaña y Prusia, pero este apoyo se disipó cuando Francisco se negó a negociar. Optó por la guerra porque creía que retroceder ante Italia supondría una gran pérdida de honor para su familia. Cuando estalló la guerra en 1859, Austria se dio cuenta de que no tenía aliados. El ejército de los Habsburgo atacó rápidamente para sacar a Cerdeña-Piamonte de la guerra antes de que los franceses pudieran acudir en su ayuda, pero los mandos militares de Francisco José resultaron ser tan incompetentes que, aunque tenían superioridad numérica, no pudieron derrotar al ejército piamontés en Magenta. Francisco llegó a comandar personalmente su ejército en la batalla de Solferino en junio de 1859. Napoleón III también estaba allí, y esta batalla fue la última en Europa en la que los monarcas se enfrentaron como comandantes de sus ejércitos. Austria fue derrotada y a continuación se firmó el Tratado de Zúrich. En virtud del tratado, los Habsburgo tuvieron que renunciar a Lombardía, Módena y Toscana. Todo el mundo en Austria estaba indignado por la incompetencia de su monarca. Nobles, políticos e incluso banqueros exigieron a Francisco José que abandonara su sueño de un reinado absolutista e implantara un régimen constitucional.

En 1860, el gobierno del Imperio austriaco empezó a moverse en la dirección de una constitución, aunque no estaba del todo preparado para aplicarla. Para apaciguar a la aristocracia se promulgó un edicto conocido como el Diploma de octubre. En Hungría, el gobierno austriaco devolvió al pueblo sus derechos tradicionales, como la existencia de una dieta nacional. También creó una asamblea de todo el imperio que se ocuparía de los asuntos económicos, como la recaudación de impuestos, las aduanas y la moneda. Este órgano recibió el nombre de Reichsrat. El gobierno intentó construir un imperio federalizado y conservador, pero no logró complacer a sus súbditos. Para los húngaros, el Diploma de octubre no iba lo suficientemente lejos en la concesión de su autonomía, y para los checos y croatas, no les daba el mismo estatus que a los húngaros. La burguesía estaba dividida en dos facciones principales: los liberales, que pensaban que el Reichsrat no tenía suficiente poder, y los conservadores, que creían que el Reichsrat quitaba demasiado poder al monarca. Para complacer al pueblo, en 1861 Francisco José promulgó la Patente de febrero. Esta patente aumentó el poder del Reichsrat hasta situarlo por encima de las dietas regionales. Esto satisfizo a los conservadores porque se redujo el poder de las dietas, pero los húngaros y los checos se indignaron. Los años siguientes fueron pacíficos porque la monarquía se encaminó hacia una constitución, pero la aristocracia, los grupos nacionales y los burgueses tuvieron que estudiar cómo funcionaría el nuevo gobierno en la práctica.

En Alemania, la autoridad de los Habsburgo se había deteriorado rápidamente desde la década de 1850. En la década de 1860 se inició una campaña de unificación, y había dos opciones principales sobre cómo se llevaría a cabo. La primera era el *Kleindeutsch* (solución de la "pequeña Alemania"), que excluiría a Austria, pero estaría dominada por Prusia. La segunda solución era el *Großdeutsch* (solución de la "gran Alemania"), y era lo contrario del *Kleindeutsch*. Incluiría a Austria y los Habsburgo se convertirían en la potencia dominante dentro de esta Alemania unificada. Baviera, Württemberg y Sajonia apoyaron la segunda opción porque temían el dominio prusiano. Sin embargo, los Habsburgo no lograron imponer su caso en Alemania, principalmente por los asuntos internos con los que estaban luchando en ese momento. La política de centralización de Francisco José quedó desacreditada en 1859, lo que condenó su dominio en Alemania. Los húngaros, checos, croatas y otras minorías impidieron que Austria se relacionara con el resto de Alemania. Mientras la influencia austriaca, no solo en Alemania, sino en toda Europa, se hundía, Prusia estaba en alza. Con el nuevo ministro presidente de Prusia, Otto von Bismarck, elegido en 1862, Alemania empezó a simpatizar con Prusia y poco a poco se olvidó de la dinastía de los Habsburgo. Algunos asesores de Francisco José le dijeron que atacara a Prusia y evitara que se convirtiera en una superpotencia europea. Él hizo caso, pero fue una medida imprudente, ya que, en ese momento, Austria estaba lidiando con muchos problemas internos, como cosechas fallidas y levantamientos en Hungría y Galicia. Pero Francisco creía que el pueblo se uniría a él, ya que la posibilidad de ganar la guerra contra Prusia e Italia traería consigo grandes indemnizaciones que servirían para elevar a Austria por encima de la amenazante quiebra económica.

La guerra austro-prusiana comenzó en 1866, y Austria se encontró de nuevo sin aliados. La neutralidad francesa fue comprada primero por Prusia y luego de nuevo por Francisco, que prometió que cedería Venecia incluso si derrotaba a sus enemigos. Gran Bretaña no quería participar en este juego de poder, y Rusia estaba alejada de Europa desde la guerra de Crimea. En ese momento, Italia era un reino joven, y aunque contaba con el apoyo de Prusia, su principal función era mantener a Austria ocupada en el segundo frente. Sin embargo, el ejército de los Habsburgo no tuvo dificultades para derrotar al ejército del joven reino en el Véneto y en el mar Adriático. Pero en Alemania, Prusia se impuso a Austria. La principal batalla tuvo lugar en Bohemia, cerca de la ciudad de Sadová. Esta batalla se conoce como la batalla de Königgrätz, que ganaron los prusianos, aplastando a Austria.

El ejército austriaco se enfrentaba a muchos problemas, uno de los cuales era que no se había modernizado. Durante el reinado de Francisco José, el ejército nunca recibió la financiación necesaria, y los soldados tenían que confiar en las viejas bayonetas mientras los prusianos manejaban una artillería moderna. También había muchas nacionalidades en el ejército austriaco, lo que provocó que hubiera muchos idiomas y descoordinación entre los mandos. Algunos soldados húngaros y checos incluso desertaron durante la batalla.

Bismarck estaba satisfecho con la rapidez de la guerra y, durante las negociaciones, no buscó un castigo severo para Austria. Su principal objetivo era expulsarla de la Confederación Alemana, lo que consiguió. Los Habsburgo habían gobernado durante cuatro siglos como la familia alemana más influyente y rica, y ahora, todo había terminado. Fue un duro golpe para el prestigio de la dinastía, pero en última instancia, fue la insistencia de Francisco José en que su honor debía ser defendido lo que hizo que este destino cayera sobre la familia. Francisco soñaba con la venganza, pero su monarquía no estaba en condiciones económicas de lanzar otro ataque contra Prusia.

Abandonada por todas las potencias europeas, Austria ya no podía reclamar su herencia alemana. El Imperio de los Habsburgo tuvo que admitir su naturaleza híbrida, al estar formado por tantas nacionalidades. Austria fue expulsada de Italia y abandonada por Alemania. El único lugar en el que aún podía insertar su influencia eran los Balcanes. Por desgracia, los Balcanes acabarían no solo con la monarquía, sino también con el poder de la dinastía. Pero antes, Francisco José tuvo que lidiar con las consecuencias internas de su derrota frente a Prusia. En su país, perdió reputación, y la derrota dio poder a los húngaros y a los liberales de todo el imperio, dándoles la posibilidad de exigir autonomía y una constitución. En 1867, Francisco José alcanzó el llamado *Ausgleich* ("Compromiso"), por el que el imperio se transformó para reflejar su naturaleza dualista. El Imperio austriaco pasó a llamarse Imperio austrohúngaro, y existiría hasta 1918. Hungría recibió todos los poderes de un reino autónomo, pero seguía unida a Austria a través del mismo gobernante. Los húngaros, que temían que Rusia intentara apoderarse de Hungría si esta era completamente autónoma, estaban satisfechos con la unión con Austria. Francisco José conservó el poder sobre la política exterior y militar tanto de Austria como de Hungría, pero aparte de eso, los dos gobiernos tenían muy poco en común. También tenían un ministerio de finanzas conjunto, pero los detalles, como la participación de Austria o Hungría en el presupuesto, quedaban abiertos a la negociación cada década. Casi todo lo demás estaba separado, desde los sistemas legislativo y judicial hasta la educación, la sanidad y la industria. Sin embargo, seguía existiendo el problema de los checos y los croatas, que seguían dominados por los austriacos y los húngaros, respectivamente. Aunque Francisco José era consciente de ello, prefirió ignorarlo.

La creación de Austria-Hungría supuso la admisión por parte de la nobleza austriaca de que los húngaros eran sus iguales. La dualidad del Estado tenía sus ventajas, como la facilidad de administración y gobierno, la promulgación de las libertades religiosas y la libertad de expresión y de prensa. El imperio se estaba convirtiendo, lenta pero inexorablemente, en una sociedad verdaderamente democrática. Sin embargo, a menudo había más problemas que beneficios. La economía unificada significaba que las dos partes tenían que trabajar juntas para superar los problemas del comercio y la industria modernos. Los austriacos y los húngaros lo tenían difícil, ya que a menudo se enfrentaban entre sí. Como resultado, el progreso económico del imperio fue lento. También era un imperio sin salida al mar, y el acceso a algunas de las principales rutas comerciales dependía de los canales y ríos que cruzaban tanto Austria como Hungría. La regulación del tráfico fue un problema más que los austriacos y los húngaros trataron de resolver de manera diferente, y creó otra brecha entre las dos partes del imperio. Sin embargo, la mayor brecha seguía estando en sus sociedades. Las numerosas naciones que vivían bajo el dominio austrohúngaro buscaban sus propias libertades, pero ninguna de las dos mitades del imperio se esforzaba por dárselas. Hacia 1871 hubo algunos intentos de elevar a los checos a un nivel de igualdad con los austriacos y los húngaros, pero el proyecto se abandonó pronto. Los croatas obtuvieron algunas libertades autónomas con el *Nagodba* ("Acuerdo") que alcanzaron con Hungría en 1868, pero no fueron suficientes para satisfacer a la nación. No obstante, la sociedad floreció. Viena se transformó en un centro educativo y cultural para todos los pueblos que vivían en el imperio, y muchos checos, húngaros, polacos, serbios y rumanos destacados trabajaron y vivieron en la capital de Austria. El crecimiento de la educación entre el pueblo hizo que aumentara el número de liberales y, en la década de 1880, Francisco José tuvo que admitir que se había convertido en un monarca constitucional. Le molestaba la idea, pero era fiel a sus ideales y gobernaba según la ley.

El Imperio austrohúngaro entró en un periodo de paz, y Francisco José, que llevaba ya más de cuarenta años gobernando, empezó a retirarse lentamente de la política. Seguía siendo el jefe del Estado y sus decisiones eran definitivas, pero cada vez dejaba más trabajo a sus ministros. Sin embargo, su vida personal no fue tan tranquila, ya que Francisco tuvo que lidiar con tragedias familiares. Francisco José estaba casado con Elisabeth Wittelsbach; para su familia, era conocida simplemente como Sisi. Era una mujer ensimismada, enérgica, emocionalmente inestable y muy inteligente que rechazaba el amor incondicional que le ofrecía su marido. Franz estaba muy insatisfecho con el matrimonio, pero su amor por Sisi es evidente en su correspondencia íntima. Siempre fue amable con ella, y su comportamiento estoico siempre se rompía ante ella. Quedó desolado cuando su emperatriz murió apuñalada en Italia por un activista anarquista en 1898. Pero la muerte violenta de Sisí no fue la primera pérdida de este tipo para Francisco José. Su hermano menor, Maximiliano, se convirtió en emperador de México en 1864. Nunca consiguió vencer las luchas republicanas de la nación, y en 1867 fue capturado y ejecutado por sus enemigos políticos. Pero la peor de las tragedias familiares que tuvo que soportar Francisco llegó en 1889, cuando su único hijo y heredero se suicidó. El último golpe, aunque no tan personal como la muerte de su hijo, fue suficiente para hundir el imperio de Francisco José. Fue, por supuesto, el asesinato de su sobrino y presunto heredero Francisco Fernando el 28 de junio de 1914.

El Imperio austrohúngaro aspiraba a ser una potencia colonial, lo que le motivó a adquirir los Balcanes. También pensaron que adquirir este territorio sería una compensación por la pérdida de las posesiones italianas. Sin embargo, los Balcanes estaban poblados por muchos eslavos ortodoxos, y Rusia se esforzaba por hacer valer su propio interés en la región. En la Conferencia de Berlín de 1878 se decidió que Austria-Hungría ocuparía los antiguos territorios otomanos de Bosnia y Herzegovina. Sin embargo, la región era tan pobre que la adquisición de este territorio no suponía prácticamente ningún beneficio. Además, Austria-Hungría tenía aún peores relaciones con Rusia y, finalmente, con Serbia. La decisión de Francisco José de hacerse con Bosnia-Herzegovina solo muestra cómo sus intenciones imperiales nublaron su juicio.

En los asuntos internos, la adquisición del territorio balcánico provocó el recelo de austriacos y húngaros, ya que contribuía a aumentar la nación eslava ya presente en el imperio. Otro problema era que los húngaros no querían que el nuevo territorio quedara totalmente bajo jurisdicción austriaca, ya que eso disminuiría una vez más su importancia en el imperio dualista. Se llegó a un compromiso, en el que Bosnia-Herzegovina se administró mediante un ministerio conjunto. A principios del siglo XX, Austria trabajó con Rusia para definir las fronteras de sus esferas de influencia. Serbia se conformó con ser un estado satélite austrohúngaro, al menos hasta 1903. Pero la dinastía serbia Karadjordjevic cambió todo eso, ya que siguió un curso político más nacionalista y rusófilo. Francisco José temía la unificación de los eslavos del sur, ya que eso supondría una amenaza abierta para Austria-Hungría. Por ello, Austria se anexionó Bosnia directamente en 1908, pero no logró preparar la aceptación diplomática por parte de otras potencias europeas. Francisco Fernando, por su parte, tenía planes ligeramente diferentes a los de su tío. Quería unificar a los eslavos del sur dentro del Imperio austrohúngaro y crear una identidad nacional que pudiera contrarrestar el predominio húngaro en el doble imperio.

Los serbios se dieron cuenta de que la anexión de Bosnia era un intento austrohúngaro de unificar a los eslavos del sur sin incluir a Serbia. Rusia apoyó la opinión de Serbia sobre la anexión, y pronto la siguieron Gran Bretaña y el Imperio otomano. La reacción de Austria-Hungría fue inesperada. En lugar de responder con la conciliación, envió un ultimátum a Serbia para que diera marcha atrás. Quedó claro que Austria quería una guerra, que esperaba ganar, ya que devolvería a Austria a su antigua posición de superpotencia europea. Incluso antes de estos acontecimientos, el poder estaba cambiando en Europa. Rusia empezó a reclamar los antiguos territorios otomanos y, al mismo tiempo, Alemania empezó a ascender al poder. Gran Bretaña y Francia se aliaron para contrarrestar las aspiraciones rusas y alemanas, pero Austria apoyó a Alemania. La situación en los Balcanes era solo una excusa para una guerra que reconfiguraría el equilibrio de poder europeo. Cuando Austria-Hungría actuó en contra de los intereses serbios durante las guerras de los Balcanes (1912-1913), muchos eslavos que vivían dentro del imperio querían romper y lograr la independencia. En Serbia empezó a surgir el radicalismo.

Antes de 1914, Austria-Hungría se encontraba en una posición difícil, tanto a nivel nacional como internacional. Muchas naciones del imperio exigían a gritos la restauración de los estados que tenían antes de la llegada de los otomanos a los Balcanes. Los reinos históricos, como Croacia, Transilvania, Valaquia y Serbia, se esforzaban por separarse del imperio, pero el gobierno no lo permitía. Para reforzar su control sobre la política interna, la monarquía presionó sobre los derechos humanos, como la libertad de prensa y de expresión. Las dietas bohemia y croata fueron clausuradas, al igual que el Reichsrat. Francisco José volvió a intentar gobernar como autócrata. Sin embargo, la sociedad moderna no quiso saber nada de eso. Incluso los monarcas extranjeros se quejaron de que Austria volviera a sus viejas costumbres, sobre todo en comparación con los estados modernos, como Gran Bretaña o Alemania.

La última chispa que encendió la guerra fue el asesinato del presunto heredero austriaco, Francisco Fernando. El 28 de junio de 1914 se encontraba en una visita oficial a Sarajevo cuando un joven extremista serbobosnio llamado Gavrilo Princip le disparó. Austria quería aplastar a Serbia de inmediato y resolver el problema de los Balcanes de una vez por todas, pero no tenía motivos legales para iniciar una guerra, ya que el gobierno serbio no tenía nada que ver con el asesinato. Los Habsburgo se encontraron en una posición muy difícil. Si no respondían al asesinato de forma agresiva, seguramente perderían su reputación como potencia europea. Necesitaban esta guerra para devolver a Austria a la escena política de Europa, aunque la guerra significara un conflicto con Rusia y probablemente con otros países europeos. Alemania, por sus propias razones, también quería la guerra, y su emperador, Guillermo II, aseguró a Francisco José que sus dos imperios serían imparables. Austria-Hungría elaboró otro ultimátum para Serbia, esta vez diseñado de tal manera que Serbia tenía que rechazarlo. Sin embargo, Serbia se mostró dispuesta a mantener la paz, aceptando todas las condiciones excepto una. Esta condición exigía que las autoridades austriacas tuvieran derecho a investigar el asesinato de Francisco Fernando dentro de las fronteras de Serbia. Esto significaba que Serbia tenía que renunciar a su soberanía, un término que ningún país aceptaría. Aunque estaba claro que el gobierno austrohúngaro buscaba el conflicto, el gobierno serbio propuso negociar. Esta vez, Austria fue la parte que declinó, y declaró la guerra el 28 de julio de 1914, dando inicio a la Primera Guerra Mundial. Austria no tenía finanzas para sostener una guerra larga, por lo que los dirigentes del Estado esperaban una victoria rápida antes de que Rusia se involucrara. Sin embargo, Francisco José tenía razón cuando predijo que la guerra sería larga, sangrienta y acabaría en derrota y revolución.

El plan inicial era que Austria-Hungría derrotara rápidamente a Serbia y detuviera el avance del ejército ruso mientras Alemania se ocupaba de Francia. Pero el ejército del imperio estaba en tan mal estado que los serbios consiguieron derrotarlo. Parte de esto fue culpa directa de Francisco José, ya que su gobierno nunca recaudó fondos para el ejército. También se opuso personalmente a su modernización. A Francisco le preocupaba que los cañones modernos y los vehículos blindados asustaran a los caballos, haciendo inútiles a los soldados. A finales de 1914, Austria había perdido la mitad de su ejército, y a Alemania no le iba mucho mejor contra Francia. Se hizo evidente que se había perdido la oportunidad de poner fin rápidamente al conflicto, ya que Austria se encontró luchando la guerra en dos frentes: contra los serbios en los Balcanes y contra los rusos en Polonia. En 1915, Italia se unió a la guerra contra Austria-Hungría, iniciando otro frente. El imperio ya no luchaba por su lugar entre las potencias europeas, sino por su propia supervivencia, ya que una derrota significaría su disolución territorial.

En 1915, el ejército austrohúngaro dependía completamente de Alemania. Apenas le quedaban tropas, y no tenía ni suministros ni dinero. Alemania lo entregó todo e incluso cambió el curso de la guerra, ya que Rusia fue derrotada en el frente oriental y Serbia fue invadida. Pero Gran Bretaña y Francia sometieron a las Potencias Centrales (una alianza de Alemania, Austria, Bulgaria y el Imperio otomano) a un bloqueo económico. Comenzó la escasez de alimentos y, aunque al principio la guerra contaba con el apoyo de la población del Imperio austrohúngaro, ese apoyo empezó a disiparse. La gente estaba descontenta con la costosa guerra, la falta de alimentos y la extrema censura. Además, el imperio seguía luchando por apaciguar a todas las nacionalidades que contenía, ya que se había hecho poco para satisfacer sus necesidades y demandas políticas. Cuando Francisco José murió de neumonía el 21 de noviembre de 1916, el resultado de la guerra aún no era seguro.

Carlos I (1887-1922)

Emperador Carlos I de Austria
*https://en.wikipedia.org/wiki/Charles_I_of_Austria#/media/
File:Emperor_karl_of_austria-hungary_1917.png*

Tras el asesinato de Francisco Fernando, la sucesión austrohúngara recayó en Carlos, hijo de Otón Francisco y sobrino nieto de Francisco José. Carlos nunca recibió la educación adecuada para un puesto de gobierno, ya que nadie podía predecir los acontecimientos que llevaron a Carlos a convertirse en emperador. Sin embargo, Carlos acabó siendo un gobernante moderno que buscaba la paz, aunque no era un político, y muchos lo consideraban incapaz de llevar la corona imperial. Carlos sirvió durante la guerra tanto en el frente italiano como en el polaco. Había visto la batalla de cerca y quería la paz. También quería aprovechar la paz para reformar su imperio y poder responder a las demandas de los checos, eslovacos y eslavos del sur dentro de la monarquía. Pero lo cierto es que Carlos era un gobernante débil cuya inexperiencia le hacía ser indeciso, lo que causó perjuicio a la monarquía.

Carlos fue coronado como rey de Hungría en los últimos días de 1916, pero al aceptar esta corona, aceptó las disposiciones del *Ausgleich*, el acuerdo que había establecido la monarquía dual de Austria y Hungría. Esto significa que no estaba en condiciones de llevar a cabo eficazmente sus planes de reforma, que molestaron a muchas nacionalidades del imperio. Pero, por muy inexperto que fuera Carlos, poco podía hacer para frenar todos los problemas con los que se enfrentaba la monarquía en ese momento. La población estaba enfadada por la siempre presente censura, el hambre acechaba debido al bloqueo económico y las industrias sufrían por la escasez de carbón, hierro, lana, algodón y personas. El gobierno imprimió moneda para cubrir sus enormes pérdidas, pero esto solo hizo que la inflación aumentara rápidamente. En 1918, el coste de la vida en Austria se multiplicó por más de diez en solo cuatro años. Se introdujeron raciones de pan tanto para el ejército como para los civiles, y el consumo general de carne se redujo a la mitad de lo que era antes de la guerra. Los súbditos del imperio responsabilizaban al régimen de la situación, y aunque Carlos acababa de subir al trono, era el representante del régimen. En 1917 se produjeron importantes revueltas en Austria. Al año siguiente, se extendieron por todo el imperio. Uno de los acontecimientos más trágicos fue la manifestación de los trabajadores ferroviarios de Budapest en noviembre de 1918, cuando la policía les disparó. Este incidente provocó que los trabajadores de todo el imperio hicieran huelgas y protestas contra el régimen. La revuelta obrera duró nueve días antes de ser reprimida.

Durante el primer año de Carlos en el trono, Rusia abandonó la guerra tras la Revolución bolchevique y la Paz de Brest-Litovsk. Aunque esto fue una buena noticia para Carlos, ya que significaba el fin de la guerra, los Estados Unidos de América se unieron a la contienda, lo que hizo imposible que Carlos persuadiera a Guillermo II de Alemania para negociar la paz. Guillermo quería la victoria definitiva y nada le impediría alcanzar su objetivo. Carlos se dirigió a Gran Bretaña y Francia, y en su búsqueda de la paz, ofreció Alsacia-Lorena a Francia. Sin embargo, esta región era posesión de Alemania, y no era suya para cederla. Este fracaso diplomático de Carlos se conoce como el asunto Sixto, ya que su principal intermediario fue su propio cuñado, el príncipe Sixto de Borbón-Parma. Pronto se supo públicamente que Carlos apoyaba la reivindicación francesa sobre Alsacia-Lorena, y el emperador sufrió un ataque al corazón debido al estrés. Pero el daño fue mucho mayor que su salud personal, ya que su reputación y la de la dinastía quedaron arruinadas. Alemania incluso abandonó la alianza por un breve momento. Carlos tuvo que ceder la mayor parte de su política exterior y toda la economía austrohúngara a Alemania para reformar la alianza. Pero lo peor fue que Carlos perdió toda su credibilidad diplomática y las potencias europeas empezaron a considerar a Austria como un estado satélite de Alemania. Gran Bretaña y Francia incluso empezaron a proponer la disolución de la monarquía.

Durante el verano de 1918, quedó claro que las Potencias Centrales estaban perdiendo la guerra. Las tropas americanas empujaban a Alemania hacia el este, mientras Rumanía se unía a las fuerzas aliadas. El ejército británico desembarcó en Italia y presionó desde el sur. En los Balcanes, las fuerzas aliadas marcharon hacia Hungría. Los soldados no alemanes de la monarquía empezaron a desertar en gran número, y con los disturbios en casa, los días del

Imperio austrohúngaro estaban contados. Carlos intentó apaciguar a las minorías nacionales reabriendo el Reichsrat, en el que cada uno tenía su propio representante. Sin embargo, esta asamblea se convirtió en un lugar en el que el pueblo pedía airadamente más disturbios y la disolución del imperio. Los eslavos, que hasta entonces solo querían la autonomía, empezaron a pedir la independencia. Tanto los dirigentes austriacos como los húngaros se negaron a pensar siquiera en dar autonomía a los grupos nacionales. En el verano de 1918, el imperio pasó a ser conocido como la "prisión de las naciones". El presidente estadounidense Woodrow Wilson imaginó el futuro de la monarquía como una federación. Sin embargo, los gritos nacionalistas a favor de la libertad y la democracia dentro del imperio le convencieron de que la independencia de los checos y los eslavos del sur era inminente.

Los últimos días de la Primera Guerra Mundial llegaron en octubre de 1918, y con ellos llegaron los últimos días del Imperio austrohúngaro. Carlos no podía hacer nada para evitarlo. Propuso una federación el 16 de octubre, pero para entonces, sus esfuerzos y su corona se habían vuelto irrelevantes. En ese momento, los diferentes grupos nacionalistas del imperio llevaban la voz cantante. Los rumanos de Hungría exigían que Transilvania se uniera al reino de Rumanía. Los alemanes de Austria declararon su derecho al autogobierno. Los checos declararon su independencia y el 28 de octubre habían formado Checoslovaquia. Al día siguiente, Croacia cortó todos los lazos con Austria y declaró que se uniría a la recién fundada Yugoslavia. Los rutenos de Galicia anunciaron su sucesión el 3 de octubre. Solo once días después, Galicia se unió a la República de Polonia. Por si fuera poco, los húngaros anunciaron el fin de la monarquía dualista el 1 de noviembre. Carlos seguía siendo oficialmente el jefe de la monarquía, pero había sido completamente abandonado, ya que solo quedaban unos pocos sirvientes leales para atender sus necesidades. El 11 de noviembre de 1918, el emperador anunció que renunciaba temporalmente a sus poderes. Nunca abdicó formalmente, e incluso intentó retomar la corona húngara en 1921, pero no lo consiguió. Pasó sus últimos días en el exilio en la provincia autónoma portuguesa de Madeira.

Conclusión

Los historiadores modernos se preguntan a menudo si la monarquía de los Habsburgo podría haberse conservado. Después de todo, era una de las dos dinastías más antiguas e influyentes de Europa (la segunda era la dinastía francesa de los Capetos). El prestigio del que gozaba en Europa era enorme, y sus miembros demostraron ser gobernantes capaces a lo largo de los siglos. Pero en 1914, su imperio estaba condenado a desaparecer. Los miembros de la dinastía tuvieron sin duda un gran papel en ello, pero no fueron los únicos culpables. El Estado tenía muchos problemas. Desde la disolución del Sacro Imperio Romano Germánico, Austria había sufrido problemas financieros. El imperio estaba formado por varias nacionalidades y, aunque no tenía salida al mar, tenía fuertes ambiciones coloniales. Al final, los Habsburgo fueron incapaces de forjarse un camino en el siempre cambiante mundo moderno. La culpa de la dinastía podría ser su tradicionalismo, su terquedad y su falta de voluntad para entender la dirección que estaban tomando otros reinos europeos. Incluso los gobernantes ilustrados, como María Teresa y su sucesor José II, estaban dispuestos a aplicar la modernización solo si se ajustaba a las necesidades de la dinastía. Los gobernantes de las últimas décadas del siglo XIX y los del XX se parecían mucho a sus predecesores. Francisco José, con su conservadurismo y su preocupación por el prestigio de la familia, inició una guerra imposible de ganar. Incluso pudo pensar que preservar el honor de la familia era más importante que preservar la monarquía. Su sucesor, Carlos, aunque lleno de buenas intenciones, no logró asegurar la paz. Su inexperiencia como diplomático y estadista le costó el imperio a los Habsburgo.

Pero si observamos los inicios de la dinastía de los Habsburgo y su extraordinaria capacidad para gobernar muchas naciones e incluso mantenerlas leales a la monarquía unida, podemos concluir fácilmente que los Habsburgo eran necesarios. Gracias a su casa nació la idea moderna de una Europa unida. Aunque tenían ideales imperialistas de gobernar sobre todos los demás, proporcionaron a muchas naciones una unidad política, económica y cultural. Esto se refleja en el hecho de que antes de 1914, cuando el nacionalismo estaba en auge en Francia, España, Gran Bretaña y Rusia, los numerosos grupos nacionalistas de Austria-Hungría nunca tuvieron la intención de separarse del imperio. Exigían sus derechos nacionales, su reconocimiento y su representación en el parlamento constitucional, pero no se hablaba de independencia. Los húngaros, checos, eslovacos, croatas, rumanos, serbios y polacos querían una asamblea nacional que los guiara hacia adelante y los mantuviera unidos bajo el mismo monarca. Pero los conservadores Habsburgo no estaban dispuestos a renunciar a su poder absolutista, ni siquiera ante las críticas de sus pares internacionales.

Cuando la monarquía de los Habsburgo terminó, la dinastía perdió su prestigio y fue humillada al exilio. Sin embargo, la familia siguió existiendo. El hijo de Carlos, Otto von Habsburg, renunció a cualquier pretensión de dominio sobre Austria y Hungría el 31 de mayo de 1961, y se le permitió regresar a su patria. Antes de eso, había trabajado activamente en la restauración de la dinastía a su legítimo dominio. Sin embargo, durante la Segunda Guerra Mundial, estaba resentido con el nazismo y con lo que había sido su país de origen. Fue uno de los líderes de la resistencia austriaca contra Hitler, y ganó muchos partidarios. Otto creía firmemente en la integración europea, e incluso fue vicepresidente y presidente de la Unión Paneuropea Internacional desde 1957 hasta 2004. Una vez convertido en miembro del Parlamento de la Unión Europea, abogó por la inclusión de los países de Europa del Este. En la actualidad, el hijo de Otto, Karl von Habsburg, es el jefe de la casa. Es un político austriaco que sigue los pasos de su padre como defensor de la Europa del Este. Karl tiene un hijo, Fernando Zvonimir. Fernando, nacido en 1997, es piloto de carreras. Fernando es el heredero de la Casa de Habsburgo, y parece que el futuro de la familia caerá algún día en sus manos.

Vea más libros escritos por Captivating History

Referencias

Bérenger, Jean. (1994). *A History of the Habsburg Empire* 1273-1918. New York: Longman. 247.

Fichtner, P. S. (2003). *The Habsburg Monarchy, 1490-1848: Attributes of Empire*. New York: Palgrave Macmillan.

Fichtner, P. S. (2014). The Habsburg Monarchy Dynasty, Culture and Politics. London: Reaktion Books.

Ingrao, C. W. (2005). *The Habsburg Monarchy: 1618-1815*. Cambridge: Cambridge University Press.

Mamatey, V. S. (1995). *Rise of the Habsburg Empire, 1526-1815*. Malabar, FL: Krieger Pub.

Rady, M. C. (2017). *The Habsburg Empire*. (2017). Oxford University Press.

Schubert, F. N. (2011). Hungarian Borderlands: From the Habsburg Empire to the Axis Alliance, the Warsaw Pact and European Union. London: Continuum.

Sked, A. (2001). The Decline and Fall of the Habsburg Empire 1815-1918. Harlow: Longman.

Taylor, A. (1990). *The Habsburg Monarchy 1809-1918: A History of the Austrian Empire and Austria-Hungary.* London: Penguin Books.

www.ingramcontent.com/pod-product-compliance
Lightning Source LLC
LaVergne TN
LVHW011830060526
838200LV00053B/3964